KB233853

인류, 소유의 늪에 빠지다

국립중앙도서관 출판시도서목록(CIP)

인류, 소유의 늪에 빠지다 / 지은이: 이성일. -- 서울 :
예영커뮤니케이션, 2013
     p. ;   cm
권말부록: 이내사 전도법
ISBN 978-89-8350-874-4 03230 : ₩8000

기독교[基督敎]
개인 신앙 생활[個人信仰生活]

234.8-KDC5
248.4-DDC21   CIP2013023760

인류, 소유의 늪에 빠지다

초판 1쇄 찍은 날 · 2013년 11월 30일 | 초판 1쇄 펴낸 날 · 2013년 12월 5일

지은이 · 이성일 | 펴낸이 · 김승태
등록번호 · 제2-1349호(1992. 3. 31) | 펴낸 곳 · 예영커뮤니케이션
주소 · (136-825) 서울시 성북구 성북1동 179-56 | 홈페이지 www.jeyoung.com
출판사업부 · T. (02)766-8931 F. (02)766-8934 e-mail: jeyoungedit@chol.com
출판유통사업부 · T. (02)766-7912 F. (02)766-8934 e-mail: jeyoung@chol.com

ISBN 978-89-8350- 874-4 (03230)

값 8,000원

인류,

소유의 늪에 빠지다

이성일 지음

왜 인류는 소유의 전쟁에 뛰어들게 되었는가?

소유욕이 초래한 무한경쟁과 빈부격차의 굴레로부터
인류는 어떻게 벗어날 수 있을까?

예영커뮤니케이션

차례

인류 역사를 자신의 소유를 지키고,
소유하고
더 소유하려는 탐욕이 가져온 결과라고 하면
너무 지나친 해석일까?

알렉산더 대왕은 자신이 죽을 때 손을 관 밖으로 내놓게 했다. 징기스칸 이전에 가장 큰 대륙을 호령했던 그도 죽음 앞에서는 아무 것도 소유하지 못하고 빈손으로 간다는 것을 보여 주기 위해서였다고 한다. 자신과 그의 심복들이 죽기를 각오하고 정복 전쟁을 했지만 결국 자신이 죽은 이후에는 부하들에 의해 네 개의 나라로 나눠지고 자신에게는 아무 것도 남지 않을 것임을 미리 알았는지 모르겠지만 우리에게 '소유'는 분명하게 많은 생각을 하게 하는 단어임에는 틀림없다. 인류 역사를 자신의 소유를 지키고, 소유하고 더 소유하려는 탐욕이 가져온 결과라고 하면 너무 지나친 해석일까?

언젠가 삼성그룹 고 이병철 회장이 이런 질문을 했다고 한다. "두 집 건너 교회가 있고 신자도 많은데 사회범죄와 시련이 왜 그리 많은가?" 그의 말대로 종교인의 숫자는 결코 적지 않은데, 왜 우리 사회는 아직도 변화가 없고, 사람들의 눈에서 눈물이 마를 날이 없는 것인가? 2012년 문화체육관광부의 자료에 의하면, 한국에는 118종단에 약 칠만팔천 개의 교회가 있다고 한다. 2012년 《매일경제》의 기사에 의하면 전국에 편의점이 2만 개 정도라고 한다. 그런데 그 숫자가 많아 정부에서 규제를 한다고 한다. 이렇게 비교한다면 교회가 얼마나 많은 지 충분히 짐작하고 남을 것이다. 개신교, 천주교인의 숫자를 합하면 한국인 세 명 중 한 명은 기독교인이다. 그래서 그런 질문을 던졌을 것이다. 한국 사회에서 지금처럼 교회에 대한 비판의 목소리가 높은 적이 없었던 것 같다. 그럼에도 불구하고 그의 말은 그래도 아직 교회에 희망이 있다는 반증일 수도 있을 것이다.

그러나 그런 희망에도 불구하고 인류는 지금 풀어야 할 숙제가 너무 많은 것 같다. 전 세계적인 빈부의 차, 부정부패, 환경오염, 식량, 민족과 지역 간 분쟁, 종교적 갈등 등은 언제 터질지 모르는 시한폭탄처럼 곳곳에 널려 있다. 문제는 그 시한폭탄의 시계바늘이 자신의 역할을 마무리할 시점이 점점 더 가까워졌다는 것이다. 분명하게 문제는 보이는데, 쾌도난마의 답이 분명해 보이지 않는다고 안타까워한다. 과연 답이 없는 것일까? 각 종교와 사상가들마다 나름대로 대안을 제시하지만 성경만큼 분명하게 그 이유와 해결방법을 제시한 곳이 있을까? 그렇다면 성경에는 이 모든 문제들의 근원에 대해서 무엇이라고 기록하고 있는가?

구약성경 1장부터 3장까지는 우주창조와 인간의 타락과정이 기록되어 있다. 하나님은 우주만물을 창조하시고 "보시기에 심히 좋았더라"고 자평하셨다. 그것만큼 정확한 평가가 어디에 있겠는가? 그런데 3장은 기록되어서는 안 되는 내용이었다. 아담과 하와는 사탄의 유혹에 빠져서 하나님이 금지하신 선악과를 먹고 말았다. 보암직도 하고, 먹음직도 하고, 탐스럽기도 한 선악과 앞에서 허무하게 무너지고 만 것이다. 인류로 하여금 죄를 범하게 한 사탄이 유혹한 내용은 가히 상상 그 이상의 충격적인 것이었다.

금지된 선악과를 먹으면 눈이 밝아져 하나님처럼 된다는 것이었다. 그리고 하나님처럼 선악을 알게 된다고 했다. 그 유혹은 곧 하와가 먼저 선악과를 먹고 아담까지 먹음으로써 성공하게 되었다. 참 간단해 보이지만 이것이 인류의 비극과 절망의 출발이었다. 그래서 성경의 이 부분은 수많은 훌륭한 분들에 의해 해석되고, 재해석되어 왔다. 필자는 신학을 논할 만큼 뛰어난 신학적 지식과 소양을 갖춘 신학자가 아니다. 거대한 신학적 담론을 제시하려는 것이 아니다. 인류가 죄를 범한 현장을 묵상하면서 '눈이 밝아졌는데, 벗은 몸이 두려워서 숨었다'라는 부분이 주는 의미와 이와 연관하여 필자의 사역을 통해 그 동안 느낀 바를 나누고 싶었다. 그러면서 계속해서 필자의 생각을 천착하게 한 것은 '소유'라는 단어였다. 그래서 이 '소유'는 의인화되기도 하고, 하나의 실체를 갖는 단어로 사용되어졌다.

'눈이 밝아지다'와 '벗은 것이 두렵다'와의 상관관계에 대한 일반적인 해석은 눈이 밝아지니 수치를 느끼게 되었고, 그래서 벗은 것을 부끄러워했다는 것이다. 물론 그렇게 무난하게 넘어갈 수도 있다. 그러나 사탄은 선악과를 먹으면, 눈이 밝아져서 하나님처럼 되고 선악을 알게 된다고 분명하게 유혹하고 있다. 하나님에 대한 충분한 지식을 갖고 있었던 사탄이 없는 말을 지어서 낸 것일까? 결과론적으로 하나님처럼 된다는 것은 거짓임이 판명 났다. 그러나 나머지 두 가지, '눈이 밝아지다'와 '선악을 알게 된다'는 것은 사실이었다. 보통 눈이 밝아진다는 말은 긍정적인 의미를 대부분 가진다. 그래서 자칫 오해하면 하나님에 의해 무지몽매로 눈이 가려져 있다가 비로소 진실을 알게 되었다고 해석하면 안 될 것이다. 인류는 로봇이 아니라 하나님의 형상으로 창조된 뛰어난 창조능력을 소유한 존재였다. 그러므로 눈이 밝아진 것은 최선이 아니라 최악의 선택이었다.

구약성경 창세기 3장 5절은 분명 하나의 가정으로부터 출발한 논리적인 순서를 보여 준다. 그 하나의 가정은 '선악과를 먹는다'이다. 먹게 되면 먼저 눈이 밝아지고, 이어서 하나님처럼 되고, 선악을 알게 된다는 순서로 기록되어 있다. 그러므로 먼저 '눈이 밝아진다'는 의미를 제대로 파악하는 것이 이후에 이어지는 과정을 이해하는 첩경이 된다. 그러면 아담은 눈이 밝아져서 무엇을 느끼고, 깨닫고, 알게 되었다는 것일까? 단순히 수치를 느꼈다고 하기에는 무언가 부족해 보인다. 왜냐하면 눈이 밝아져 하나님처럼 된다는 것은 우주 역사상 사탄의 성공한 최대의 사기극이기 때문이다.

이 지점에서 필자는 '소유'라는 단어를 그 해석의 도구로 사용하였다. 얼핏 보면 맞지 않는 도구 같아 보인다. 그러나 일단 '소유'라는 도구로 해석해 가면 사탄이 인류를 유혹할 만큼 충분히 매력적인 단어임을 알게 되었다. 사탄의 유혹 가운데 가장 매력적인 말은 무엇이었을까? 하나님에 대한 충분한 지식을 가지고 있었던 아담과 하와에게는 아마 '하나님처럼 된다'는 것이 아니었을까?

우리가 알고 있는 역사 속에서 국가든지, 개인이든지 수많은 사건들의 부침과 희로애락 속에서 '소유'하기 위해 달려온 발자국들을 쉽게 볼 수 있다. 그리고 인류가 겪은 수많은 전쟁 속에서 외형적으로는 그럴싸한 이유들을 대지만 결국 자신들의 소유를 지키고, 더 확보하기 위한 역사였음을 부인할 수 없을 것이다. 그것이 에덴동산에서 선악과를 먹고 눈이 밝아진 결과다. 그 눈이 밝아짐이 바로 '소유'라는 것이다. 그런데 '소유'하려면 어떤 신분이어야 할까? 진정한 소유주는 우주만물을 있게 한 창조주요, 자존자여야 한다. 출애굽기 3장 14절에는 모세와의 대화 중에 하나님께서 직접 자신의 이름을 말씀하시는 장면이 나온다. 바로 스스로 존재하시는 아도나이(소유주) 하나님이시다. 다시 말해서 자존자만이 진정한 소유주가 될 수 있다는 것이다. 하나님처럼 되겠다는 것은 우주만물의 주인이요, 소유주가 된다는 선언인 것이다. 이것만큼 강력한 유혹이 어디에 있겠는가?

눈이 밝아져 소유의식이 생기자 비로소 '나'와 '너'가 구분되어 보이기 시작했다. 나 아닌 상대방이 보인 바로 그 순간 두려움과 함께 자신이 벗었다는 것을 인식하게 되었다는 것이다. 나 혼자 있을 때는 벗었든지, 입었든지 아무런 문제가 안 되지만 타인이 있게 되면 바로 수치심을 느끼게 되는 것과 같다. 타락 전, 아담과 하와는 나와 너의 구분 없이 그냥 하나였다. 하나님 안에서 완전히 하나 됨을 이루었다. 그래서 창세기 2장 24절에 부부란 결혼하여 하나 되는 것이라고 기록하고 있다. 그 완전한 하나 됨이 선악과를 먹은 타락으로 일그러졌다. '소유'가 눈을 뜨자 '나'와 '너'가 보였고, '나'와 '너'가 보이자 '나'라는 정체성이 자각되었다. 자신이 보이자 자신의 것을 지키고, 더 가지기 위한 전쟁이 시작된 것이다. 타인은 내가 밟고 넘어야 할 대상이 되어 버렸다. 그렇게 인류는 절망의 길로 들어선 것이다. 내 것을 지키고, 더 소유하기 위한 처절한 투쟁과 전쟁이 없다면 악이 존재할 자리가 과연 가능할까?

사탄의 말대로 소유가 눈을 뜨자 바로 선과 악이 다가왔고, 인류는 그 늪에 풍덩 빠져 버린 것이다. 소유의 늪은 탐욕스럽게 끊임없이 자라서 모든 영역에서 자신의 영향력을 더 크고, 더 넓고, 더 깊이 인류를 끌고 들어갔다. 이 깊고 음흉한 '소유'에 대한 인간적인 방법에 대해 반발이 없었던 것은 아니다. 인간에 의한 수많은 투쟁이 있었지만 안타깝게도 대부분 역사의 뒤안길로 사라지고 말았다. 인간이 저지른 것을 인간이 만회해 보려고 했지만 그 결과는 실패로 끝나고 말았다.

하지만 창조주 하나님께서는 손을 놓고 계시지 않으셨다. 그래서 인류에게는 소망이 있다. 타락 이후 무화과나무 잎으로 벗은 몸을 가리기에

급급한 인류를 위하여 가죽 옷을 해 입혀 주셨다. 인류가 다시 돌이켜 하나님께로 돌아올 수 있는 길을 열어 놓으신 것이다. 하나님께서 인류를 끝까지 놓지 않으신 것은 인류를 향한 하나님의 사랑 때문이었다. 그 사랑의 역사가 성경의 기록이다. 하나님의 사랑에도 불구하고 인류는 그 사랑을 짝사랑으로 애써 무시하며 여전히 스스로 신이 되는 길을 가려고 하고, 또 가고 있다. 그 길은 살리는 좁은 길이 아니라 죽는 넓은 길임에도 불구하고 꾸역꾸역 가고 있다. 손을 내밀기만 하면 소유의 늪에서 빠져 나올 수 있는데 인류는 끝까지 스스로 빠져나오려고 발버둥을 치고 있다. 그런데 그 늪은 움직이면 움직일수록 더 깊이 빠지는 수렁인 것을 어떻게 하랴!

그래서 '소유'의 또 다른 이름은 '절망'이다. 우리는 하나님께서 내미신 손을 잡아야 한다. 그래야 인류에게 소망이 있다.

책을 쓰면서 도움을 받은 분들이 있다. 옆에서 끝까지 격려하고, 탈고해 준 사랑하는 아내 임종신과 소중한 두 자녀 예랑, 예찬에게 감사를 전한다. 또한 졸작이 세상에 모습을 드러낼 수 있도록 도움을 주신 예영커뮤니케이션의 김승태 사장님과 모든 분들께 지면을 빌려 깊은 감사를 드린다.

네가 어디에 있느냐?

2001년 9·11 테러가 있은 후, 한 대학에서 있었던 이야기다. 미국 뉴욕의 쌍둥이 세계무역센터가 두 대의 비행기에 의해 허무하게 무너진 충격적인 테러 사건 다음 날인, 9월 12일 아침 첫 수업이었다. 워낙 큰 사건이라 수업 전에 이야기의 주제가 될 수밖에 없었다. 교수가 "여러분들은 어제의 사건을 어떻게 생각합니까?"라고 질문을 했다. 워낙 충격적인 사건이라 모두들 침묵을 지키는 가운데 있었다. 그때 침묵을 깨는 한 남학생의 목소리가 앞자리에서 들려왔다. "속 시원합니다." 그 말을 듣자 그 교수는 큰 망치로 한 대 얻어맞은 것처럼 한 순간 멍해졌다고 한다. 다른 학생들도 너무나도 의외의 반응이라 순간 교실이 어수선해졌다. 교수는 정신을 가다듬고 다시 그 학생에게 질문을 했다. 그 당시 학생들 대부분은 여러 가지 사건으로 인해 미국에 대한 감정이 좋지 않았다고 한다. 그래서 교수는 "자네의 심정은 이해하지만 무고하게 죽은 수천 명의 고귀한 생명은 보이지 않는가?"라고 되물었다. 그 학생은 더 이상 대답이 없었다. 수업은 시작되었지만 분위기는 매우 무거웠다고 한다.

　　무엇이 이 학생으로 하여금 무의식 중에 이런 말이 나오게 했을까? 국제 테러조직은 종교적인 신념이나 자신들의 주장을 인류의 생명보다 더 귀하게 여기기에, 온 몸에 폭탄을 두른 채 아무런 가책 없이 자신의 생명을 던진다. 인간이 어떤 생각을 갖고, 어디에 서 있느냐에 따라서 그 사람의 삶과 행동은 달라질 수밖에 없다. 이 학생은 어디에 서 있었을까? 성경에는 자신이 서 있을 자리에 서 있지 못해서 인류의 미래를 송두리째 뒤바꾼 비극적인 사건들이 수없이 기록되어 있다.

　　인간을 창조하신 후에 하나님은 인간과 첫 대화로 어떤 말씀을 하시기 원하셨을까? 인류의 미래에 대한 이야기, 그리고 사랑이 듬뿍 담긴 말들과 함께 꼭 주의해야 할 중요한 일들에 대해서 당부하는 말씀을 하시지 않으셨을까? 그래서 하나님께서 인간을 향한 첫 당부이자 명령은 "동산에 있는 모든 나무의 열매는, 네가 먹고 싶은 대로 먹어라. 그러나 선과 악을 알게 하는 나무의 열매는 먹어서는 안 된다. 그것을 먹는 날에는, 너는 반드시 죽는다."였다. 이러한 하나님의 명령에 대한 인간의 대답은 기록되어 있지 않다. 그러나 이 명령은 얼마 지나지 않아서 허무하게 깨어지고 말았다.

　　인류가 명령을 깨뜨린 후에, 인류를 향한 첫 번째 질문과 함께 아담과의 대화가 시작된다. 그러나 그것은 있어서는 안 되는 인류의 불행이 시작되는 대화였다. 하나님의 첫 질문은 "네가 어디에 있느냐?"였다. 이어서 최초의 인간 아담이 "하나님께서 동산을 거니시는 소리를 제가 들었습니다. 저는 벗은 몸인 것이 두려워서 숨었습니다."라고 답했다. 그리고 계속 이어지는 대화는 상상만 해도 온 몸이 떨리고, 부서져 나갈 정도로 비극적인 것이 되고 말았다. 그때나 지금이나 남에게 책임을 전가하는 가장 치졸한 인류의 원형을 보게 해 준다. 그리고 이어지는 하나님의 심판은 온 인류와 우주가 뒤틀어지고 헝클어지는 가슴 저미는 대혼란의 시작이었다. 하나님의 아담을 향한 첫 질문인 "네가 어디에 있느냐?"는 우리에게 엄청난 내용을 함축한 채 지금도 도도하게 인류의 폐부 깊이 파고들며 인류가 누구이며, 무엇인지 비수처럼 목에 칼을 들이댄다.

그렇게 인류의 미래가 걸린 첫 명령을 깨뜨린 인간은 하나님의 형상으로 창조된 존재였다. 풍성한 창조 능력을 갖고 있고, 창조주 하나님과 대화할 수 있는 어마어마한 존재로 지음을 받았다. 그 어느 것과도 비교할 수 없는 그런 존재였다. 하나님의 형상대로 지음을 받은 그런 인류가 하나님을 배반했다. 그것도 교활한 사탄의 집요한 공격에 틈을 보이며 허무하게 무너졌다. 하나님의 형상이 인간의 실존인데, 사탄의 말대로 그림자 형상이 아니라 실제로 하나님이 되려고 시도한 인류는 사탄의 말과는 달리 오히려 사탄의 종이 되는 처참한 모습으로 전락하고 말았다.

그런데도 여전히 인류는 하나님처럼 되었고, 될 수 있다는 사탄의 유혹 속에서 헤어 나오지 못하고 있다. 착각은 자유라고 하지만 첫 명령을 지키지 못한 대가는 너무나도 가혹하였다. 하나님처럼 된다고 했는데, 당연히 있어야 할 자리에 있지 못한 인류는 여전히 지금도 "나는 어디에서 왔으며, 어디에 서 있어야 하는 누구인가?"라는 질문 속에 풍덩 빠져 있다.

이렇게 성경 창세기 3장에는 하나님과 인류의 조상 아담이 나눈 대화가 기록되어 있다. 3장은 기록이 되어서는 안 되는 내용이다. 3장의 기록으로 인해 인류가, 세계가 지금의 결과 속에서 살게 되었기 때문이다. 3장에는 금단의 사과로 잘 알려진 선악과도 등장하고, 사탄이 하와를 유혹하고 그 하와가 아담까지 끌어들이는 장면이 기록되어 있다. 사탄은 "하나님께서는 너희가 선악과를 먹는 날에는 너희 눈이 밝아져 하나님과 같이 되어 선악을 알 줄 하나님이 아시고 먹지 말라고 하셨느니라"고 하와를 유혹하였다. 아담과 하와는 그 유혹에 넘어갔다. 문제는 사탄의 말이 의미하는 바가 무엇이냐는 것이다. 물론 많은 신학자들과 철학자들이 이 문제로 씨름하고 나름대로 해석을 했지만, 필자는 "소유"라는 주제로 이 문제에 접근하고자 한다. 왜 분위기에 맞지 않게 "소유"라는 단어가 등장하는가에 대해서는 이후로 차차 밝히고자 한다.

이제 왜 "소유"이어야 하는지에 대한 퀴즈를 풀기 위해 그 미로 속으로 함께 걸어갔으면 한다.

아담은 하나님으로부터 보시기에 좋았던 창조 세계에 대한 관리를 위임받은 최초의 인류다. 하지만 그는 이 위임을 제대로 수행하지 못하고 스스로 좌초하고 말았다. 스스로 무너진 인류의 조상인 그에게 하나님이 던진 최초의 질문이, "아담아, 네가 어디에 있느냐?"(창3:9)라는 것이다. 그렇게 자유하며 위임받은 일을 잘하고 있던 그가 왜 스스로 신 앞에서 숨었느냐에 대한 질문이다. 그러나 이 질문은 결국 자신이 무엇이며, 누구인지 바로 인간의 정체성과 실존에 대한 질문이라고 할 수 있다. 이에 대한 구체적인 것은 다음 장에서 언급하려고 한다. 중요한 것은 이 질문에 어떻게 답하느냐에 따라서 인류의 과거, 현재, 미래는 분명히 색깔을 달리한다는 것이다.

성경은 하나님의 첫 질문에 인류가 제대로 된 정답을 내놓지 못했음을 기록하고 있다. 있어서는 안 되는 아담의 대답으로 인해 인류가 범죄하고 하나님으로부터 분리되는 비극이 시작되고 말았다. 그리고 소유라는 큰 주제가 던져지는 시점이기도 하다. 하나님은 나무속에 숨어 있는 아담을 찾아오셔서 두 번째 질문을 던지셨다. 아담 자신뿐만 아니라 온 인류와 피조세계의 운명을 가르는 천지가 요동칠 수 있는 그런 질문이었다. 그러나 안타깝게도 아담은 하나님의 질문을 그렇게 심각하게 생각하지 못했었던 것 같다. 지금 무슨 일이 벌어졌는지 전혀 눈치를 채지 못했던 것 같다. 그의 대답 한 마디에 따라 온 인류와 우주만물의 운명이 걸려 있는데도 말이다. 안타깝게도 조상 아담은 모르쇠와 핑계로 당장 눈앞의 궁지만을 모면하려고 했다. 그러기에 모르쇠와 핑계는 누가 가르쳐 주지 않아도 우리의 핏속에, DNA에 내재되어 있는지 모른다.

아담은 과연 하나님이 바라시는 정답을 말했을까?

불행하게도 그렇지 못했다. 하나님의 첫 번째 질문은 "네가 어디에 있느냐"였다. 아담은 "내가 동산에서 하나님의 소리를 듣고 내가 벗었으므로 두려워하여 숨었나이다."(창3:10)라고 대답한다. 여기까지는 아담의 자신의 현 상황에 대한 솔직한 대답이라고 할 수 있다. 그러나 하나님의 두 번째 질문이 인류에게는 가장 뼈아픈 것이다. 인간은 누구나 실수할 수 있다. 하지만 실수한 이후의 행동여하에 따라서 그 결과는 하늘과 땅이 완전히 다른 것처럼 다르다.

하나님께서 두 번째로 질문을 던지셨다.

"누가 너의 벗었음을 네게 알렸느냐? 네게 먹지 말라 명한 그 나무 열매를 네가 먹었느냐?"(창3:11)

아담이 대답하기를, "하나님이 주셔서 저와 함께 있게 하신 여자, 그가 그 나무 열매를 내게 주므로 내가 먹었나이다."(창3:12)

아담은 하나님께서 원하시는 답을 하지 못했다. 그는 핑계를 대었다. 오히려 그는 하와와 그 하와를 짝 지어 준 하나님까지 핑계의 대상으로 삼았다. 아담은 솔직하지 못했다.

이것이 인류의 비극이다. 도대체 아담은 왜 그랬을까? 인류를 향해 물어져서는 안 되는 하나님의 최초의 질문도 상황이 안타깝지만, 더 안타까운 것은 그것을 대하는 아담의 태도였다.

아담의 답에 무슨 문제가 있는 것인가? 그것이 왜 인류를 비극으로 몰고 간 최악의 답이 되었는가? 성경 누가복음에는 "탕자의 비유"로 잘 알려진 말씀이 나온다. 집에 돌아온 둘째 아들은 "내가 하늘과 아버지께 죄를 지었사오니 지금부터는 아버지의 아들이라 일컬음을 감당하지 못하겠나이다."(눅15:21)라고 아버지께 전적으로 죄를 고백한다.

만약 아담이 구차한 핑계와 변명이 아니라 동일하게 하나님께 이런 고백을 했다면 어떻게 되었을까? 그렇게 했다면, 우리 인류의 역사는 180도 달라지지 않았을까? 그러나 우리 조상 아담은 그렇게 하지 못했다.

하나님은 두 번에 걸친 질문을 하실 정도로 끝까지 인내하시면서 정답을 기다렸지만 아담은 변명으로 일관했다. 이 변명이 인류 비극의 시작이었다. 아담의 동문서답이 인간 비극의 시작이 되고 만 것이다.

그런데 왜 아담은 벗은 것을 두려워했을까? 왜 벗은 것이 두려운 것일까? 두렵게 한 근본적인 이유는 무엇이란 말인가? 그것은 '소유'라는 인식에 눈을 떴기 때문이다. 소유의식이 생기면 왜 부끄러움이 생기는 것인가? 그 이유는 다음 장에서 다루도록 하겠다.

아담은 두려움으로 숨었다고 했다. 사람들은 자신에게 불리하다고 생각하면 종종 숨어 버리는 경향이 있다. 두려우면 숨어 버린다. 스스로 자기를 숨긴다. 복잡하고 골치 아픈 문제 앞에서 회피해 버리기도 한다. 그런데 막상 회피해서 숨고 싶어도 갈 곳이 없다. 그래서 인터넷이라는 가상현실 속으로 들어가 버리기도 한다. 일종의 자기 도피이자 핑계이기도 하다. 문제는 여전히 존재하는데 스스로 없다고 여기는 것이다. 아담은 그렇게 도

피하고, 스스로 숨어 버렸다.

그런데 인류가 그렇게 숨어서 하는 일들이 대부분 너무 파괴적이다. 자신을 학대하고, 타인을 향한 책임전가와 분노와 원한의 칼을 갈기 때문이다. 숨어서 자신을 그렇게 만든 세상을 증오하고, 불특정 다수를 향한 분노를 키우기도 한다. 익명성이라는 뒤에 숨어서 댓글로 수많은 사람들을 죽이는 일들도 한다. 그렇게 한다고 문제가 해결될 수도 없는 자기 합리화일 뿐이다. 사람들은 문제가 생기면 어느 누구의 간섭도 받지 않는 곳으로 가고 싶어 한다. 사람들은 자꾸 그런 골방을 찾아 가고 또 가고 싶어 한다. 현실의 문제는 여전히 존재하는데 없다고 여기고 무시하라고 가르치기도 한다. 모든 것을 버리면 자유할 수 있을 것이라고 한다. 한순간의 해결책은 되겠지만 항구적인 해답은 될 수가 없다. 문제가 있는 곳에 답이 있고, 그 문제의 근본적인 해결책을 찾아서 근원을 치유하지 않으면 어느새 그 문제는 다시 음흉하게 고개를 슬그머니 들고 우리를 찾아오기 때문이다.

성경 시편 139편은 아무도 없는 저 바다 끝이라도, 거기에 누군가 있다고 한다. 하늘의 하늘까지, 땅의 땅 속 깊은 곳까지 내려가도 거기에 누군가가 있다고 한다. 그 분이 바로 하나님이다. 우리가 어디에 있든지, 그곳에서 정답을 알고 계신 하나님을 만나지 못하면 우리의 인생은 결코 행복할 수가 없다. 우리는 결단코 피할 수가 없다. 부딪쳐야 한다. 문제의 진정한 해결은 어둠 속이 아니라 빛 되신 예수 그리스도께 있다. 왜냐하면 그곳에 해답이 있기 때문이다.

삼성경제연구소가 히딩크 리더십에 대한 보고를 한 적이 있다. 그 중에 거스 히딩크 감독이 선수를 기용하는 철학이 나와 있는데, "실수와 실력은 별개"라는 것이다. 실수했다고 해서 실력이 없는 것이 아니라는 것이다.

그래서 그는 번번이 실수하는 사람을 내보내고 믿어 주었다. 그것이 월드컵 4강의 신화를 만들었다. 우리는 한 번 실수하면 모든 것이 끝난 줄로 생각한다. 아담 역시 실수와 실력은 별개였다. 만약 아담이 "하나님, 내가 잘못했습니다."라고 회개했다면 어떻게 되었을까? 사랑이 무한하신 하나님께서는 그를 용서하시고 다시 새로운 사명을 주시지 않았을까? 그러나 아담은 두려워하고, 변명하며 숨어 버렸다. 결국 실낙원이 되고 말았다. 그때에도 "내 탓이요!"라는 운동이 있었더라면 어떻게 되었을까?

아담은 한술 더 떠 자신의 죄를 하와에게 몽땅 넘겨 버렸다. 창세기 2장 23절에는 아담의 하와를 향한 진솔한 사랑 고백이 나온다. 하와를 향하여 "이는 내 뼈 중의 뼈요 살 중의 살이라"라고 고백했다. 이랬던 아담이 12절에서는 모든 죄를 하와에게 뒤집어씌우고 있다. 못 믿을 것이 사람 마음이라고 했든가!

이런 재미있는 유머가 있다. 어느 날 하나님께서 하와를 아담에게 데려왔다. 그러자 아담은 바로 하나님께 감사기도를 했다고 한다. "하나님, 어떻게 이런 사람을 저에게 주셨습니까? 얼마나 예쁜지……." 너무 좋아서 이렇게 감사기도를 하니까 하나님께서 "그렇게 예뻐야 네가 사랑하지 않겠냐?"라고 말씀하셨다고 한다. 그 다음에 아담이 또 한 마디를 하나님께 물어보았다. "그런데 하나님, 이 사람이 맹할 때가 있거든요. 그건 왜 그렇습니까?" 하나님께서 대답하시기를 "이놈아, 그래야 너 같은 놈을 사랑할 것이 아니냐."라고 말씀하셨다고 한다.

책임을 전가하는 것처럼 미련한 것이 없다. 그런 상태에서 헤매다 보면 자기 정체성을 잃어버리기 때문이다. 자꾸 변명을 하고 책임을 전가하다 보면 자신이 누구인지 무엇을 하고 있는지를 잃어버린다. 그러다가 결국 남을 원망하게 된다. 그런데 원망이 계속해서 상승작용을 하면, 세상 탓하고, 조상 탓하고, 나라 탓하고, 환경 탓하고 마지막엔 결국 하나님까지 원망하게 된다.

그렇게 아담은 결국에는 넘지 말아야 할 선인 하나님을 원망하고 말았다. 그는 자신이 벌거벗은 것을 깨닫고, 나무 그늘에 숨어서 두려움에 떨며 많은 생각을 했을 것이다. 왜 이런 일이 발생했는가를 생각하며 원인을 파악하려고 나름대로 애를 썼을 것이다. 하나님의 형상으로 창조된 그는 충분히 상황 파악을 할 수 있는 지적인 능력을 갖고 있었다. 그러나 장고 끝에 악수가 나왔다. 선악과를 먹고 난 후에 그는 비로소 자신과 타인이 눈에 들어온 것이다. 타락 전에는 하와와 완전한 일심동체였다. 피차간에 구분이 없었다. 너와 내가 없었다. 이기주의도 이타주의도 없었다. 그냥 우리였고 하나였다. 내 것, 네 것의 구분이 없었다.

선악과를 먹고 난 후, 시간이 지나면서 지구상의 모든 죄악들이 하나씩 자신의 실체를 드러내기 시작했다. 파괴적인 이기주의가 드디어 최초로 고개를 들고 자신의 정체를 드러낸 것이다. 이렇게 자신 외의 다른 사람이 보이자 그에게로 모든 분노가 폭발하기 시작했다. 자신에 대한 보호 본능이 생기자 희생양이 필요하게 되었다. 그 희생양은 하와였다. 그렇게 하와는 아담의 책임전가의 희생양이 되고 말았다. 그런데 생각의 깊이를 더해 가자 하와를 누가 창조했는지에 대한 질문이 던져졌다. "그래 맞아, 하와만 없었더라면 이런 두려운 현실은 절대로 생기지 않았을 거야."라는 것에 생각이 미치자 이 문제의 근본 원인은 결국 하나님께 있다는 생각으로까지 발전하기 시작했다. 그래서 아담은 "하나님이 주셔서 저와 함께 있게 하신 여자"라고 변명을 하면서 모든 책임을 궁극적으로 하나님께 돌려버리고 말았다. 여자가 문제가 아니라 하나님이 주신 사람이므로 결국 모든 책임이 하나님께 있다는 것이다. "맞아! 나는 죄가 없어. 이 모든 것은 여자와 그 여자를 창조하신 하나님이 모든 원인이야"라고 결론을 내리고 말았다. 이것이 비극이다. 이것이 죄의 출발이다.

죄의 결과는 죽음이다. 에덴동산에서의 인류의 타락으로 인간에게 죽음이 주어졌다. 그런데 이 죽음은 무엇을 의미하는 것일까? 무한한 인간의 생명이 유한한 존재로 급락한 육체적인 죽음을 말하는 것인가? 물론 그것도 인류의 비극임에는 틀림없다. 그러나 그것보다도 궁극적인 비극은 아담의 범죄로 인해 인간이 하나님과 분리되었다는 것이다. 이것은 육체적인 죽음보다도 더 큰 형벌이요 비극이다.

인간은 하나님과 교제할 때 가장 최고의 존재의 의미를 갖게 되고, 가장 최고의 행복한 삶이 된다. 하나님이 없는 인간은 허울뿐인 존재다. 아무리 이 허울뿐인 채워지지 않는 빈 공간을 채우려고 해도 결코 채울 수 없는 영적인 공간이 있다. 이것은 오직 하나님과의 진정한 교제가 회복되고, 하나님께로 인류가 완전히 돌아갈 때 비로소 채워질 수 있다. 그 공간을 채우기 위해 인류는 불나방처럼 유한한 것에 목을 매기도 하고, 그곳이 자신이 죽는 자리인지도 모르고 나방처럼 달려들기도 한다.

하나님과 분리된 곳에서 찾는 행복은 행복이 아니다. 하나님을 떠난 인류가 하는 일은 무질서도가 점점 증가한다는 엔트로피 법칙처럼 소유의 늪에 점점 더 빠져 들어가 허우적대는 멸망의 길일뿐이다. 신이 되는 길을 가겠다고 하나님의 명령을 걷어차고 나왔지만 그 길은 결코 하나님처럼 되는 길이 아니었다. 그곳은 고되게 땀을 흘리며 땅을 파야 겨우 생명을 유지할 수 있는 멸망의 길이었고, 거짓말쟁이요, 탐욕자인 새로운 주인이 기다리는 곳이었다. 관성을 받아 한 번 튕겨져 나간 구슬은 돌아올 수 없는 한 방향으로 계속 날아간다. 인류는 마치 제동장치가 없는 차가 좌충우돌하며 미친 듯이 달려가는 것처럼 자신과 이웃을 헤치는 길로 달려가게 된 것이다.

아담의 타락 이후, 하나님은 화영검을 든 천사로 하여금 아담이 에덴동산에 다시 들어오는 것을 막으셨다. 이것은 인류를 향한 하나님의 사랑이셨다. 하나님과 분리된 그 자체로도 최악의 비극인데, 그 비극의 상태에서 죽지 않고 영원히 산다면 그것만큼 슬프고도 슬픈 일은 없을 것이기 때문이다. 그래서 화영검으로 에덴동산의 입구를 지키신 것은 인류를 향한 하나님의 지극한 사랑이셨다.

현 세계의 모든 문제는 결국 하나님께 있다고 아담처럼 외친 니체는 벽에 이렇게 썼다고 한다. "하나님은 죽었다. 니체 씀." 그런데 1년도 못되어 니체는 죽었다. 한 재미있는 사람이 니체가 쓴 것을 지워 버리고 거기에 "니체는 죽었다. 하나님 씀."이라고 썼다고 한다.

이렇게 선악과를 먹은 후에 아담은 자신이 벗은 것을 알게 되었다. 벗은 것을 알게 된 후에 그가 한 최초의 범죄는 책임전가였다. 자신을 창조한 하나님에 대한 거센 도전이자 불만이었다. 자신이 누구인지 망각한 하나님에 대한 반역이었다. "나는 나"라는 자의식이 비로소 눈을 뜨게 된 것이다. 사탄의 전략이 먹혀 들어간 것일까? 어떻게 해서 이런 책임전가라는 악이 고개를 들고 처음으로 자신의 정체를 드러내게 된 것일까? 그것과 벗은 몸을 알게 된 것과는 무슨 관계가 있는 것일까? 그것이 우리 인류의 원죄와는 어떻게 연관되는가? 우리가 왜 그것을 중요하게 생각해야 하는 것일까? 벗음을 알게 된 것이 인류에게 영원한 멸망과 절망을 가져 온 죄악과 무슨 관계가 있는 것인가?

인류의 역사는
더 많이,
더 안전하게 소유하기 위한
투쟁의 역사라고도 할 수 있다.
빈부의 차이도 결국 "소유"의 문제다.
부정부패도 결국 "소유"의 문제다.

소유가 눈을 뜨다

'Ambassador'의 어원은 몽골어 '암방새동'이다. 몽골의 징기스칸이 세계 최초로 세계 최대의 영토를 다스리면서 수많은 대사들을 파견한 데서 유래했다. 징기스칸이 점령한 영토는 무려 약 7770만 평방킬로미터였다. 징기스칸의 정복전쟁이 유럽에 끼친 영향은 유럽의 지형을 바꾸고, 동서양의 문물이 오고가게 한 것뿐만 아니라, 그 네트워크를 통해 흑사병이 번져 유럽 인구의 절반이 죽기도 했다. 징기스칸의 정복전쟁이 12세기 중세기 유럽에 미친 영향은 상상을 초월한다. 알렉산더가 점령한 영토는 350만 평방킬로미터였다. 인도까지 정복한 위대한 알렉산더는 모기 한 마리 때문에 죽었다고 한다. 말라리아에 걸린 것이다.

우리는 영토를 그렇게 엄청나게 확장한 사람들을 가리켜 영웅이라고 한다. 하지만 이렇게 넓은 영토를 소유하기 위한 전쟁이 실상은 승리자나 피해자 모두 수많은 사람들이 죽어가고, 파괴된 아픔의 역사라는 사실에 대해서는 우리는 애써 눈을 감는다. 왜냐하면 지금 나와는 별로 상관이 없기 때문일 것이다. 그러면서 이 세상에서 남자로 태어났으면 한번쯤은 세상을 호령해 보아야 하지 않겠느냐며 꿈을 키우라고 한다. 이름을 떨치라고 한다. 과연 그럴까? 과연 그것이 성공한 의미 있는 인생일까? 인류의 역사는 전쟁의 연속이라 할 수 있다. 인류 역사 가운데 전쟁 없이 평화롭게 지낸 시간을 따진다면 과연 얼마나 될까?

고대나 지금이나 국가들은 왜 전쟁을 했고 지금도 해야만 할까? 전쟁의 목적은 영토 확장을 통한 경제적인 이유와 내부 혼란을 막고, 내부 세력을 결속하고, 자국을 보호하기 위한 것이라고 그럴싸하게 포장을 한다. 물론 전쟁을 통해 과학이 발달한 것을 무시할 수는 없을 것이다. 그러나 전쟁은 그 어떤 말로 미화한다고 할지라도 사람, 땅, 돈을 더 소유하기 위한 싸움에 불과하다. 특별히 전쟁은 주로 땅을 더 많이 확보하기 위한 영토 전쟁이 대부분이었다. 왜냐하면 땅이 있어야 나라가 형성되고 사람들이 모여 살 수 있기 때문이다.

그런 차원에서 아담이 흙으로 만들어진 것은 상당히 의미가 있다고 할 수 있다. 로마가 제국의 면모를 갖추고 역사의 전면에 나서게 된 것도 따지고 보면 3차에 걸친 포에니 전쟁을 통해 얻은 수많은 토지와 노예들이 경제를 뒷받침했기 때문에 가능했다고 할 수 있다. 물론 그렇게 얻은 경제가 결국 부메랑이 되어 로마 멸망의 원인이 되기도 했지만 전쟁은 승자에게는 부와 명예를 주었지만 패자에게는 인권조차 없는 노예로 전락시켰다.

그렇다면 이 모든 것의 이유와 뿌리를 한 마디로 뭐라고 할 수 있을까? 그것은 '소유'라는 단어다. 인류의 역사는 더 많이, 더 안전하게 소유하기 위한 투쟁의 역사라고도 할 수 있다. 빈부의 차이도 결국 '소유'의 문제다. 부정부패도 결국 '소유'의 문제다.

중국의 후진타오 주석은 2012년 공산당 창건 90주년 기념사에서 중국 공산당의 가장 심각한 문제는 부정부패라고 했다. 부정부패와 빈부의 차를 해결하지 못하면 공산당도 버림받을 수 있다고 했다. 이 두 가지는 공산주의 나라인 중국뿐만 아니라 모든 나라, 모든 인간에게 가장 핵심적인 문제라고 할 수 있다. 이 '소유'가 탐심의 뿌리요, 세상 부조리의 뿌리며, 인류 죄악의 출발이다.

그렇다면 이 '소유'의 뿌리는 어디인가? 이 '소유개념'은 어디에서 출발한 것인가? 성경은 이 '소유'에 대해서 무엇이라고 기록하고 있는가? 왜 이 '소유'의 문제가 중요한가?

앞장에서 밝힌 것처럼 인류의 '죄악'과 '소유' 그리고 '눈이 밝아지다'라는 것은 어떤 관계를 가지고 있는 것인가? 필자가 함께 나누려고 하는 것이 이것이다.

그런데 놀랍게도 이 관계는 왜 모든 인류가 타락하였고, 죄인일 수밖에 없는지를 무서울 정도로 설명해 준다. 이제부터 그 비밀의 장소로 들어가 보자.

그러려면 다시 성경으로 돌아가야 한다. 선과 악이 처음 거론된 창세기 3장 2절은 하나님이 인류에게 처음으로 내린 지엄한 명령이었다. 이렇게 기록되어 있다. "동산에 있는 모든 나무의 열매를 네가 먹고 싶은 대로 먹어라. 그러나 선과 악을 알게 하는 나무의 열매만은 먹지도 만지지도 말라. 그것을 먹는 날에는 너는 반드시 죽을 것이다."

그런데 사탄은 3장 5절에서 이렇게 바꾸었다. "너희가 결코 죽지 않는다. 너희가 그 나무 열매를 먹는 날에는 너희 눈이 밝아져 하나님과 같이 되어 선악을 알 줄 아심이라"라고 말씀하신 것이다.

사탄이 말한 핵심적인 내용은 3단계에 걸쳐서 점진적이다. 첫째, 눈이 밝아진다. 둘째, 하나님처럼 된다. 셋째, 선과 악을 알게 된다. 제일 먼저 눈이 밝아지는 단계인데, 도대체 눈이 밝아지면 무엇을 보게 된다는 것인가? 이 눈이 밝아지면 왜 하나님처럼 된다는 것인가? 악이 인류에게 들어온 것은 뱀, 즉 사탄의 유혹에 빠져 선악과를 따 먹은 것이다. 그렇다면 죄의 동기가 죄악의 원인인가 아니면 따 먹은 행위가 원인인가? 이러한 환원론적인 논쟁보다도 더 중요한 것은 사탄이 말한 눈이 밝아진다는 것이 무엇을 의미하는가라는 것이다. 많은 주석들이 있지만 대부분 눈이 밝아져 자신의 벌거벗은 모습을 보게 되었다고 설명한다. 그런데 성경은 눈이 밝아지고 그 다음에 하나님처럼 되고 이어서 선과 악을 알게 된다고 사탄은 유혹하고 있다는 사실이다.

그렇다면 눈이 밝아진다는 것은 무엇을 의미하는 것인가? 그것은 내 것, 다시 말해서 소유에 대한 인식이 생겼다는 것이다. 그러면 이 내 것, 즉 소유에 대한 인식과 "하나님처럼 된다와 선악을 알게 된다"는 것과는 무슨 관계가 있는 것인가?

이제 하나하나 살펴보면서 그 비밀을 함께 풀어 보려고 한다.

하나님처럼 되고자 하다

하나님처럼 된다는 것이 무엇을 의미하는지 알려면 하나님이 누구신지 먼저 알아야 할 것이다. 그래야 하나님처럼 된다는 실상을 알 수 있기 때문이다. 그런데 하나님이 누구이신가에 대한 인간의 지식은 한계가 있다. 무한하신 하나님에 대해서 유한한 인간이 어떻게 하나님을 다 알 수 있겠는가? 그래서 하나님에 대한 지식은 우리 신앙생활에서 그 중요성을 아무리 강조해도 지나침이 없을 것이다. 하나님을 아는 지식이 분명하면 할수록 그는 하나님을 닮아가고 하나님이 원하는 사람이 될 것이기 때문이다. 그런데 감사하게도 성경에는 하나님께서 스스로 누구신지 직접 말씀하신 곳이 있다.

이집트에서의 도망자이자 왕자였던 모세는 40년간 광야에서 시간을 보낸다. 드디어 하나님의 때가 되어 모세가 호렙산에서 하나님의 부르심을 받게 된다. 그 자리에서 모세는 하나님을 이스라엘 백성들에게 누구라고 소개해야 하냐고 질문을 던진다. 그러자 하나님은 출애굽기 3장 14절에서 '스스로 있는 자(自存者)'라고 말씀하신다. 그리고 이것이 하나님의 이름인 '여호와'이다. 하나님의 이름인 '여호와'는 성경에서 6,823회나 사용되었다. '여호와'라는 이름의 의미가 '스스로 있는 자'라는 것이다. 그러므로 여호와라고 이르신 하나님 외에는 '스스로 없는 자'이다. 창세기 1, 2장은 무에서 유를 창조하시는 여호와 하나님의 모습을 분경하게 볼 수 있다.

자! 이제 그러면 하나님과 같이 된다는 의미가 좀 더 명확해진 것 같다. 하나님과 같이 된다는 의미는 하나님의 이름인 "여호와"라는 의미에서 볼 수 있듯이 '스스로 존재하는 자'가 된다는 것이다.

이것이 왜 중요한가? 스스로 존재한다는 의미가 갖는 좀 더 구체적인 의미는 무엇인가? 하나님은 만물의 주인이시자 창조주이시다. 즉, 스스로 존재하는 자만이 만물의 주인이 될 수 있다는 뜻이다. 스스로 있는 자가 아닌 피조물이 만물의 주인이 되는 것은 불가능하다는 뜻이다. 피조물인 우주만물은 스스로 있는 자이신 하나님의 계획과 의지가 아니면 존재 자체가 부정될 수밖에 없다. '스스로 없는 자'의 운명이 그렇다는 것이다. 이것을 부정한다는 것은 스스로 존재 상실의 길로 가거나 아니면 창조주에게 도전하는 두 길밖에 없을 것이다. 그러므로 오직 스스로 있는 자만이 진정한 소유주인 아도나이 하나님이 될 수 있다.

다시 말해서 하나님처럼 된다는 것은 하나님처럼 '스스로 있는 자'가 되겠다는 의미이자, 우주만물의 소유주가 되겠다는 의미다. 인간이 스스로 그 위치에 있겠다는 것이다. 자신과 우주만물의 소유주가 되려면 인간은 반드시 '스스로 있는 자'가 되어야 한다.

우리는 종종 "자아(自我)"를 찾는 것이 중요하다고 말한다. 그런데 자아(自我)라는 한자 단어를 잘 살펴보면 놀라운 의미를 발견하게 된다. 자아라는 단어 속에 이미 하나님을 떠나 스스로의 길을 가겠다는 의미를 내포하고 있기 때문이다. 하나님처럼 '스스로 있는 자'의 길을 가겠다는 선포의 의미가 들어 있다.

한자 자(自)는 "① 스스로, 몸소, 자기(自己) ② 저절로, 자연히(自然-) ③ ~서부터 ④ 써 ⑤ 진실로(眞實-) ⑥ 본연(本然) ⑦ 처음, 시초(始初) ⑧ 출처(出處) ⑨ 코(=비(鼻)의 고자(古字)) ⑩ 말미암다, ~부터 하다 ⑪ 좇다, 따르다"라는 의미를 갖고 있다. 한자 자(自)는 그림에서 볼 수 있듯이 '코'를 형상화한 것이다. 성경 창세기 2장 7절에서 하나님은 인간을 창조하신 후에 코에 생기를 불어넣으셨다. 그래서 사람은 생령이 되었다라고 기록하고 있다. 나라마다 자신을 말할 때 손가락으로 가리키는 신체 부위가 다르다. 한국인들은 가슴을 가리키지만 중국인들은 검지로 자신의 코를 가리킨다고 한다.

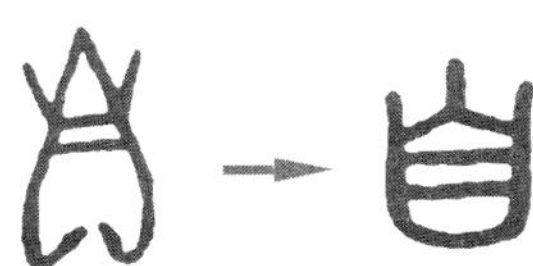

성경적인 의미를 담고 있는 상당히 의미 있는 표현이라고 할 수 있다.

타락한 이후, 인간은 자신이 누구인지, 그 정체성에 대해서 항상 근본적인 질문을 할 수밖에 없다. 코를 가리킨다는 것은 자신이 어디에서 왔는지, 자신의 실존이 무엇인지 이미 알고 있다는 것이다. 자신은 하나님께서 코에 생기를 불어넣으심으로 사람이 되었다는 그 명백한 사실을 잊지 않고 있다는 것이다. 우리는 스스로를 바라볼 때마다 검지로 코를 가리키며 내가 누구인지, 어디에서 왔는지 그 근본을 잊어서는 안 된다.

그런데 눈이 밝아지자 새로운 세계가 보이기 시작했다. 너와 내가 하나였고 구분이 없었는데 어느 날 '내'가 보이그, '네'가 보이기 시작한 것이다. 이렇게 '소유'는 드디어 자신의 모습을 드러내었다. 그와 동시에 소유에 대한 강한 욕구가 꿈틀대기 시작했다. 그러기 위해서는 '스스로 존재하는 자'가 되어야만 했다. 스스로 존재할 수 없는 인간이 눈이 밝아지자 선택한 길이 스스로 소유주가 되려고 한 것이다. 진정한 소유주이신 창조주 하나님에 대한 반역이었다. 이것이 인류 비극의 출발이었다.

한자 '아(我)'는 "① 나 ② 우리 ③ 외고집(자기의 생각을 굽히지 아니하는 일) ④ 나의 ⑤ 아집을 부리다 ⑥ 굶주리다"라는 의미를 갖고 있다. 부수로 풀어 보면 한자 '아(我)'는 '손 수(手)'와 '창(戈)' 부수로 구성되어 있다. 즉 손에 창을 들고 있다는 뜻이다. 하나님을 떠난 인간이 스스로 그렇게 자신을 보호하고, 사냥을 위해서 손에 창을 잡고 사는 인간임을 '아'라는 단어 속에서 발견할 수 있다.

그렇다면 우리는 자아(自我)를 깨달을 필요가 없다는 말인가? 여기서 인류의 딜레마가 발생한다. 문제는 자아를 어디에서 발견하느냐는 것이다.

"자아"는 어디에 그 뿌리를 두고 있을까? 인류가 그렇게 찾고자 한 자아는 안타깝게도 자신을 만드신 하나님을 찾는 것이 아니라 하나님이 없는 왜곡된 자아였다. 이렇게 왜곡된 '자아'는 내 것에 대해 눈이 밝아지자 바로 시작되었다.

사탄은 하와에게 속삭였다(창3:5).

"너희가 그것을 먹는 날에는 너희 눈이 밝아져 하나님과 같이 되어 선악을 알 줄 하나님이 아심이니라." 사탄의 이 속삭임은 거짓말인가? 절반은 틀렸고, 절반은 맞다. 인간의 착각 속에서는 신이 될 수 있다고 생각했기에 맞고, 하나님처럼 절대로 '스스로 있는 자'이신 소유주가 될 수 없기에 틀렸다. 그러나 선악을 알게 된 것은 맞는다고 할 수 있다.

스스로 존재하는 자만이 진정한 자신과 우주만물의 주인이 될 수 있다. 소유주가 될 수 있다. 인간이 주인이 되고, 소유주가 되려면 그는 반드시 스스로 존재해야만 한다. 그래서 인간은 아담이 선악과를 따먹자 눈이 밝아져 내 것, 소유에 대한 욕구가 생기면서, 주인이 되고 싶었던 것이다. 그런데 소유하려면 스스로 존재해야 한다. 선악과를 먹자마자 비록 순간이었지만 눈이 밝아져 하나님처럼 '스스로 존재하는 자'가 된 것 같다고 생각되었을 것이다. 그러나 눈이 밝아지자 기대했던 것과는 정반대의 일이 일어나기 시작했다. 천하가 뒤집어지는 경험이었을 것이다. 무언가 말로 표현할 수 없는 변화가 느껴졌다. 타락 전과는 전혀 다르게 갑자기 자신의 몸이 보이기 시작했다. 타락 전까지는 하와가 전혀 남처럼 느껴지지 않았는데, 자기라는 인식, 자신의 몸이라는 소유에 대한 인식이 생기자마자, 하와가 남으로 보이기 시작했다. 타락 전의 내가 아닌 내 신체와 하나가 아닌 다른 사람인 하와가 눈에 보인 것이다. 뒤통수를 한 대 얻어맞은 것처럼 온

사물이 새롭게 보이기 시작했다. 하나님처럼 된 것이 아니라 추악한 인간의 실존을 확인하는 순간이었다.

성경은 결혼은 두 사람이 부모를 떠나 하나가 되는 신비라고 한다. 인간의 타락 전인 창세기 2장 24절에서 하나님은 남자가 부모를 떠나 그의 아내와 합하여 한 몸을 이루라고 말씀하셨다. 그러므로 결혼은 하나님을 향한 인간의 불순종의 죄악으로 타락하면서 상실된 하나 됨을 회복하는 과정이라고 할 수 있다. 그래서 결혼은 신성하다. 그러나 이 결혼도 인간 타락의 죄로 말미암아 왜곡되고 말았다.

우리는 누구나 진정한 자아를 발견해야 한다. 그런데 인간이 눈이 밝아지자 타락 전에 자신이 알고 있었던 자아가 아닌 새로운 자아가 형성된 것이다. 그래서 '자아'라는 단어 속에는 이미 하나님께 죄를 범한 인간의 죄악성이 그대로 내포되어 있다고 할 수 있다. 진정한 자아는 인간 속에서가 아니라 하나님 안에서 발견할 수 있음을 우리는 절대 잊어서는 안 된다.

사탄은 눈이 밝아져 하나님처럼 된다고 했는데 그것이 아니었다. 컴퓨터에 새 프로그램을 깔면 새 환경이 되는 것처럼, 아담 속에서 무언가 꿈틀거리며 올라오기 시작한 것이다. 하나님에 대한 기억이 희미해지고 점점 타락한 자아가 새롭게 머릿속을 채우면서 모든 것이 뒤바뀌져 버렸다. 아담은 피조물이지 스스로 존재하는 하나님이 아니었다. 이렇게 스스로 소유주가 되고자 하는 인본주의가 비극처럼 시작되고 말았다.

선악을 알게 되다

선악을 안다는 것은 무엇을 의미하는가? 선악의 구별은 왜, 어떻게 생기는 것일까? 하필 왜 나무 이름이 선악과여야만 했을까?

선악과는 창조된 인류가 자유의지가 있음을 알려 주는 것일 뿐만 아니라 소유주가 누구인지를 알려 주는 시금석이기도 하다. 인간의 존재의식에 대한 명확한 이정표였다. 선악과의 유혹은 하나님처럼 소유주가 되라는 것이다. 그런데 사탄은 그것에 덧붙여 눈이 밝아져서 하나님처럼 된다고 기만하였다. 먹으면 눈이 밝아져서 피조물이 아니라 하나님이 된다고 속인 것이다. 아담 자신이 아름다운 에덴동산의 주인이 된다고 달콤하게 유혹했다. 그래서 하나님처럼 스스로 있는 자가 되어 진정한 동산의 주인이 될 수 있다는 것이다. 창조 이래로 최대의 사기극이었다. 소유주가 되는 것 같은 인식과 마음은 생겼는데 실제 소유주가 못 되었기 때문이다. 희망만 있을 뿐 빛 좋은 개살구였다. 생각으로는 무엇이든지 못하겠는가?

그런데 문제는 소유가 인류를 사로잡게 되자 스스로 하나님이 된다는 것을 넘어서 이제는 다른 사람의 것까지 넘보게 되었다. 다른 이의 소유가 보이자 내 것을 지키고, 더 많이 소유하기 위한 뺏고 뺏기는 적자생존의 긴 여정이 시작되었다. 처음에는 그것이 생소하고 두렵기까지 했겠지만 한 번, 두 번 일이 반복될수록 익숙해져서 이제는 그것이 원래 인류의 모습인 것처럼 느껴지게 되었다. 타락 이후 인간이 적자생존의 길로 들어서자 모든 동식물들도 동일하게 움직이기 시작했다. 저주받은 땅과 자연 속에서 생존하고, 내 소유를 지키고 늘리기 위해 인류는 무기를 만들기 시작했다. 그런 속에서도 하나님을 향한 양심의 소리, 자유의지는 완전히 사라지지 않았다. 실낱같이 살아남아서 텅 빈 가슴을 후벼 파면서 하나님을 찾을 수 있도록 지도를 남겨 두신 것이다. 이것이 인류를 향한 하나님의 사랑이시다. 하지만 사탄은 그 길을 막고, 지도를 못 보게 하고 있다. 진정한 자아는 오직 하나님 안에서만 찾을 수 있지만, 사탄은 여전히 눈이 밝아져 하나님처럼 되어 선과 악을 알 수 있다고 미혹하고 있다. 그래서 자아를 찾는 것은 첫 타락 이후의 그 상태, 즉 여전히 인류가 소유주가 되려고 한 그 상태로 돌아가는 것이라는 기만에 우리는 여전히 속고 있다. 그 자아를 찾기 위해서는 필연적으로 자신이 살아남아야 한다. 그래서 한자 나(我)는 손에 창을 들고 있는 모습이라고 하면 너무 무리한 해석일까? 한자 나(我)는 하나님에 대한 인류 최초의 반역의 주동자인 니므롯이 위대한 사냥꾼이었다는 사실과 무관하지 않다.

내가 모든 것을 소유하고 인정을 받아야 한다는 의식이 가인으로 하여금 첫 살인을 불러오게 했다. 그 첫 살인의 DNA가 인류를 지배하면서 인류는 소유의 늪, 함정에 더욱 깊이 빠지게 된다. 그 늪은 몸을 움직일수록 점점 더 수렁에 빠지는 절망과도 같은 것이다. 이렇게 소유는 인류를 헤어 나올 수 없는 늪에 붙잡고 자신의 지배력을 온 인류 가운데 확고하게 각인시켰다. 이것이 사탄이 애초 바랐던 것이다. 인류는 철저하게 속은 것이다.

'악'은 매우 어려운 주제이다. 악에 대해 수많은 연구가 진행되었고, 여전히 다양한 이론들이 존재한다. 필자는 이 자리에서 이런 머리 아픈 주제인 악의 실체에 대해서 논하고 싶지 않다. 그럴 정도로 학식이 풍부하지도 않다. 단지 소유 의식이 인류에게 생기면서 '악'과 '소유'간에 어떤 상관성을 갖고 있는지 그것에 대해서 이야기하고 싶다.

선악과 소유의식은 어떤 상관성을 갖고 있을까? 소유욕이 발생되면 어떤 결과가 생기는 것일까? 소유의식이 없으면 내 것, 내 땅, 내 돈이라는 개념 자체가 존재할 수가 없다. 소유에 대한 개념이 없으면 내 것을 챙길 필요도 없고, 내 것을 챙기고, 보호하고 또한 내 것을 더 많이 만들려고 다른 사람의 것을 뺏을 필요도 없게 된다. '내 것'과 '네 것'이라는 구분 자체가 없어지기 때문입니다. 이런 구분 자체가 존재할 수 없다면 죄악이 존재할 자리는 어디일까? 그러므로 눈이 밝아져 인식되기 시작한 소유가 선악을 발생시키는 원인이라고 하면 무리한 해석은 아닐 것이다.

내 것이라는 소유가 자리를 잡고 지배를 하자 두려움이 생기기 시작했다. 누군가 내 것을 빼앗아 갈 것이라는 막연한 두려움이 엄습하기 시작한 것이다. 내 목숨도 위험할 수 있다는 두려움이 생긴 것이다. 그래서 나를 지키고 찾기 위해 무기를 만들게 되었다. 타락 전에 아담과 하와는 완전한 하나였고 너와 나라는 인식 자체가 아예 없었다. 그리고 아담은 하나님 안에서 완전한 실존을 느끼고 있었다. 그런데 눈이 밝아지자 자신이 보이고 벗었다는 인식이 생기자 부끄러움과 두려움이 생겼다. 그래서 아담은 나무 사이에 숨을 수밖에 없었다. 두려움과 부끄러움으로 무화과 나뭇잎으로 급하게 자신을 가리게 되었다. 그 나무가 궁극적으로 자신을 숨겨 줄 수 없음에도 그는 나무 사이에 숨었다. 타락 전에는 아예 악에 대해서는 아무런 인식도, 지식도 없었다. 왜냐하면 내 것, 내 소유를 챙기고, 지키기 위해 싸울 필요도, 투쟁할 이유도 없었기 때문이다. 내 것을 찾게 되는 순간 인류 가운데 악에 대한 인식도 함께 출발했다.

악은 하나님 안에서의 실존이 아니라 하나님 밖에서 실존을 발견하는 것이다. 방향을 잘 못 잡은 것이다. 그 순간 인간은 서로 밀리지 않아야 하고, 앞서 가야 하는 무한 경쟁의 시대에 들어서고 말았다. 참 평강이 없어졌다. 무한 경쟁의 시대에서 내 것을 지키고 더 소유하기 위해 죄악은 눈덩

이처럼 커지고 넓어지고 깊어져서 구조적으로 모순된 사회가 만들어지고 말았다. 이런 체제 아래서 타락 이후 수많은 세월 동안 인간은 신음하고 있다. 왜곡된 경제구조, 빈부 차이의 고착화, 아무리 열심히 해도 집 한 채 마련할 수 없다는 자괴감, 88만 원 세대라는 안타까움, 가진 자는 더 가지려고 혈안이 되는 이런 사회적 모순 속에서 사람들은 상실감을 넘어서 조그만 일에도 분노하게 된다. 그래서 기득권 세력, 가진 자, 나보다 더 가진 소유자들에 대해 무조건식 반대에 빠지게 되기도 한다. 내 것, 소유에 대한 눈이 밝아지면서 인류의 비극과 죄악이 출발하게 되었으므로 '선악과'라고 이름을 붙이는 것은 당연하다고 할 수 있다.

눈이 밝아지자 내 것, 내 소유가 보이기 시작했다. 소유하려면 반드시 '스스로 있는 자'가 되어야 한다. 그래서 인류는 완전한 소유주가 되기 위해서 하나님처럼 '스스로 있는 자'가 되고자 자신의 길을 가기 시작했다. 그런 면에서 뉴에이지 운동은 '스스로 있는 자', 하나님이 되려는 지속적인 인류의 하나님에 대한 저항이라고 할 수 있다. 사탄이 주장한 장밋빛 환상이 아니었다. 이제 소유하기 위해, 스스로 있는 자가 되기 위한 인류의 힘겨운 마라톤이 시작된 것이다. 인류는 감당하기 벅찬 짐을 지고 허덕대며 그 마라톤을 달려가고 있다. 마라톤은 종점이 있다. 종점에 다가갈수록 더 지치고 힘들 수밖에 없다. 그래서 곳곳에서 지쳐서 인류는 비명을 지르고 있다. 선악을 알게 되어 하나님처럼 위대한 지식을 가진 것 같았는데 그 대가는 너무 혹독하다. 인류는 타락 이후로 내 것을 지키고, 더 소유하기 위해 개인이든지, 국가이든지 죽기 살기로 달려가고 있다. 완전히 죄악 속에서 태어나서 죄악 속에서 죽게 된 것이다. 그러므로 모든 인류는 죄인이다.
그렇다면 이 마라톤의 출발지는 도대체 어디란 말인가?

자본주의 세상에서
인류가 자신의 소유를 주장하고
그 권리를 주장하는 것은 매우 당연한 것이라고 할 수 있다.
문제는 그것을 넘어서 소유가 탐욕과 결부되면서
자신의 소유를 지키고
더 많이 소유하기 위한 적자생존이 보편화되었다는 것이다.
치열하게 싸워서 자신의 것을 지키지 못하면
루저(looser)가 되고
어리석은 자로 낙인찍히는 시대가 되었다.

3장

인류, 소유의 늪에 빠지다

실낙원은 아담과 하와 두 사람에게 어떤 영향을 주었을까? 남녀 간의 결혼을 통하지 않고 하나님이 직접 창조하신 첫 인간 아담과 하와에게 에덴동산에서의 생활은 그들에게 엄청난 향수심을 유발했을 것이다. 그들에게 실낙원의 트라우마는 없었을까? 가고 싶어도 화염검을 든 천사가 지키고 있기에 갈 수도 없는 그들의 손길이 닿기에는 너무나 먼 곳에 있는 에덴동산이었다. 하와는 에덴동산에서 선악과를 먹은 후에 자신들의 벌거벗은 실체를 보고 첫 번째 충격을 받았을 것이다. 그리고 이어지는 아담의 야속할 정도로 이 모든 책임이 자신에게 있다고 말하는 모습을 보고 두 번째 충격을 받았을 것이다. 그리고 살아 있는 내내 모든 인류의 타락과 죄악과 고난의 원인 제공자라는 지탄을 받았을 것이다. 삶이 팍팍하고 힘들 때마다 그의 후손들은 하와를 원망했을 것이다. 부부싸움이 있을 때마다 아담으로부터 이 모든 것이 당신 때문이라는 핀잔을 받지 않았을까? 어느 누구보다도 하와는 에덴동산을 다시 회복하고 싶었을 것이다. 아니 동일한 에덴동산은 아닐지라도 다시금 하나님의 은혜를 입어 이 모든 것을 돌이키고 싶었을 것이다.

그래서 하와가 첫 아들인 가인을 낳았을 때 "하나님의 도우심으로 내가 남자 아이를 얻었다"고 말하였을 것이다. 가인을 통하여 자신의 고통과 인류 타락의 원인 제공자라는 그 무거운 굴레를 보상받고 싶었을 것이다. 그렇게 온 가족의 기대 속에 태어난 가인이었다. 이렇게 가족의 기대를 온몸으로 받았던 그가 인류 최초의 살인자가 되고 만다. 아담과 하와가 잉태해 놓았던 죄악의 씨가 이제는 거대하게 자신의 실체를 서서히 드러내기 시작한 것이다. 또한 그들은 후손까지 대물림되는 비극을 살아 있는 동안 계속 보아야만 했다. 뺏고 뺏기는 처절한 생존의 자리로 내던져지고 사투가 벌어지게 되었다. 이런 결과는 이미 인류 타락 후에 인간이 고난 속에서 땅을 갈고 가꾸어야 생존할 수 있다는 하나님의 첫 심판 속에 이미 선언된 것이었다.

그렇다면 인간의 범죄 이후로 하나님과의 관계는 완전히 단절되었을까? 감사하게도 하나님은 여전히 인류를 향한 끈을 놓지 않으셨다. 그래서 에덴동산에서 추방당하는 아담과 하와를 위해 가죽 옷을 지어 입히셨다. 타락 후에 아담이 비록 스스로 신이 되는 길을 갔지만, 여전히 아담 속에는 하나님을 향한 갈망이 살아 있었다. 그만큼 인류가 소유의 늪에 깊이 빠지지 않은 상황이었고, 소유도 그 영향과 지배력을 완전히 갖추지 못한 상태였기 때문일 것이다. 하지만 소유가 점점 그 영향력을 키우고, 자신만의 왕국을 건설하기까지는 그렇게 많은 시간이 걸리지 않았다. 동생을 죽인 살인으로 드디어 자신의 모습을 드러내게 되었다. 첫 살인을 기점으로 아벨 대신 셋이 태어나기 전까지 하나님의 이름은 거론조차 되지 않았다. 셋 이후로 하나님께 예배를 드리기 시작했지만 대다수의 가인의 후예들은 하나님을 떠나 스스로 신이 되는 길로 갔다. 소유는 완전히 인류를 사로잡아 하나님은 결국 홍수를 통해 인류를 심판하실 수밖에 없었다. 그렇다면 이 홍수로 인류 속에서 그 영향력을 막강하게 행사하기 시작한 소유는 사라졌을까? 불행히도 홍수에서 노아의 가족들이 구원을 받았지만 소유는 그 속에 여전히 살아 있었고, 함의 후손들이 저주를 받는 비극적인 일이 발생하게 되었다. 홍수도 소유의 거대하고 도도한 흐름을 끊지 못했다. 오히려 더 깊고, 음습하게 사람들의 마음을 사로잡아 헤어 나올 수 없는 깊은 늪으로 인류를 끌고 들어갔다. 그 늪에 빠진 가인의 후예들은 하나님을 향한 대반역을 준비하고 있었다. 그러나 그런 절망적인 속에서도 하나님은 인류 구원을 위한 사랑과 노력을 한 번도 포기하시지 않으셨다.

스스로 있는 자가 되고 싶었던 인류의 자만심에 가득 찬 첫 출발에 걸맞는 화려한 축포가 아니라, 이후의 인생길이 어떻게 될 것인가를 살인으로 여실하게 예표한 것이라고 할 수 있다. 그렇게 이 마라톤의 출발은 안타깝게도 인류 최초의 살인 사건과 맞물려 버렸다.

소유는 상대적인 박탈감을 가져온다. 그 박탈감을 채우기 위해 타인의 소유를 내 것으로 채워야 상실감을 채울 수 있다고 생각한다. 이제 울타리를 벗어난 소유는 마치 폭탄이 터질 때 파편이 사방으로 퍼져나가는 것처럼 다양한 모습으로 변신하여 자신의 존재감을 드러내기 시작했다. 아담과 하와에게는 벌거벗었다는 수치심이었다. 그리고 아들인 가인에게서는 상대적인 박탈감과 하나님과 동생을 향한 증오였다. 이제 굴레를 벗어난 소유는 마치 감기바이러스처럼 절대로 죽지 않고 변질되면서 자신의 길을 가기 시작했다. 인류는 그 소유의 늪에 빠져 자신이 어디에 서 있는지 어디로 가는지조차 모르고 헤매면서 죽음의 길, 멸망의 길로 그냥 무작정 달려

가게 된 것이다.

하나님이 직접 창조하신 아담과 하와와는 달리 가인과 아벨은 한 번도 자신들의 구원을 위한 제사를 드린 적이 없었다. 그러기에 두 사람은 당연히 자신들의 죄를 대신할 수 있는 피 흘림이 있는 제사를 드려야만 했다. 그러나 가인은 자신의 것으로 드렸다. 아마 가인은 정말 최선을 다해서 자신의 첫 수확물을 바쳤을 것이다. 자신이 중심이었지, 하나님이 중심이 아니었다. 자신이 정성을 다해서 드리면 하나님도 감복해서 자신의 제사를 받을 것이라고 착각한 것이다. 철저한 공로주의적인 사상이었다. 이렇게 가인으로부터 시작된 "지성(至誠)이면 감천(感天)"이라는 공로사상이 출발하게 된 것이다. 철저하게 자기중심, 인본주의로 무장된 가인이었다. 그러기에 자신의 제사를 받지 않자 자신이 하나님의 모든 사람과 관심을 독차지(소유)해야 하는데 아벨의 제사만 받는 것을 보고 시기와 증오심이 폭발했다. 그렇다고 하나님을 원망해 보아야 자신에게 돌아오는 유익은 아무것도 없기에 결국 그 분노와 증오심의 폭발의 대상으로 만만한 동생을 선택한 것이다. 그러나 아벨은 이 제사가 무엇을 의미하는지 익히 알고 있었기에 자신이 정성을 다해 키운 어린 양을 잡아서 피 흘림이 있는 제사를 드렸다. 아벨은 그렇게 믿음의 제사를 드렸다.

눈이 밝아져서 내 것, 내 소유가 보이자 모든 것이 상대적으로 보인 것이다. 내가 소유하지 못하면 스스로 손해라고 생각한다. 내가 모두 소유해야 비로소 진정한 '스스로 있는 자', '자존자'가 될 수 있기 때문이다. 그것이 하나님처럼 되는 것이라고 착각하는 것이다. 그 착각이 이제는 습관화되기 시작했다. 이 소유에 눈이 뜨이자 아담 이후 인류가 한 첫 번째 일이 바로 살인이었다. 소유는 이제 인류로 하여금 돌이킬 수 없는 길로 들어가게 한 것이다. 소유가 지배하는 인류에게는 살인과 증오, 하나님에 대한 반역이 당연한 것처럼 받아들여지게 된 것이다.

하나님께 드린 제사가 모두 끝났다. 하나님은 아벨의 예물만 받으셨다. 가인이 몹시 화가 나서 얼굴빛이 달라졌다. 그때 하나님께서 두 번째로 인류에게 질문을 던지셨다.

"네가 분하여 함은 어찌 됨이며 안색이 변함은 어찌 됨이냐?"(창4:6) 그리고 이어서 하나님의 적절한 처방이 내려진다. "네가 선을 행하면 어찌 낯을 들지 못하겠느냐 선을 행하지 아니하면 죄가 문에 엎드려 있느니라. 죄가 너를 원하나 너는 죄를 다스릴지니라"(창4:7). 하나님의 처방은 너무나도 적절하신 것이었다. 가인 안에서 똬리를 트고 꿈틀대는 죄의 실상을 제어하라고 하신 것이다. 이때 가인이 무릎을 꿇고 "하나님! 어떻게 하면 저의 예물을 받으실 수 있습니까? 저를 용서하시고 이 죄의 사슬에서 자유할 수 있도록 도와주십시오!"라고 기도했더라면 인류의 역사는 달라지지 않았을까? 인류 최초의 살인은 그 시점이 한참이나 뒤로 밀려가지 않았을까?

하지만 하나님의 처방을 받자마자 이에 아랑곳하지 않고 가인은 동생을 들로 데려가서 죽여 버리고 말았다. 이미 분노로, 상대적인 박탈감으로, 버림받았다는 치욕으로 가득 차서 결국 첫 살인을 저지르고 말았다.

비극적인 첫 살인을 저지른 가인을 향한 하나님의 징계는 너무나 가혹했다. 아벨의 피가 땅에 떨어졌기에 땅이 저주를 받아 밭을 갈아도 땅이 더 이상 효력을 나타내지 않게 되었다. 그 가혹한 현실 속에서 인류는 살아남기 위해 더욱더 처절한 생존경쟁을 치루어야만 했다.

소유는 점점 자신의 영역을 넓히고 사람들을 완벽하게 장악해 가기 시작했다. 첫 살인으로 자신의 실체를 드러낸 소유는 이제 하나님에 대해서도 반역을 일으키기 시작한다. 우주만물의 주인이신 하나님의 소유권에 대해서 가인은 첫 번째로 도전한다. 그 도전은 그의 아들인 에녹을 통해서 이루어졌다. 가인은 자신만의 도시를 세우고, 하나님과는 전혀 무관한 자신의 아들의 이름인 '에녹'으로 성을 명명했다. 처음으로 자신의 나라, 자신의 소유를 갖게 된 것이다. 그리고 이어서 이 도시에서 그의 자손들은 하나님과 반역하는 철저한 인본주의적인 길을 가게 된다.

놀랍게도 인류 초창기부터 자본주의의 기원을 찾을 수 있다.

아벨은 양을 지키는 자였다. 그 당시에는 아직 고기를 먹지 않았으므로 양을 키우는 것은 경쟁사회에서는 아무런 도움이 되는 것이 아니었다. 그는 사실상 생계에 아무런 도움이 되지 않는 양 치는 일을 하고 있었다. 아벨은 자신의 육신의 유익을 위해서 일을 하는 것보다 죄 문제 해결이 더 중요하다고 생각했다. 왜냐하면 자신의 부모인 아담과 하와가 짐승의 희생을 통해 입은 가죽옷을 통하여 하나님의 뜻을 잘 알고 있었기 때문이다. 인류에게 가장 우선적으로 중요한 일은 죄 문제라는 것이다. 눈이 밝아져 이미 하나님을 향한 반역의 길로 들어선 인류가 살 길은 지속적으로 하나님께로 돌아가는 길밖에 없다는 것을 아벨은 믿음으로 깨달았다. 그래서 그는 정성껏 양을 길러서 자신의 죄 사함을 위해 양을 바쳤다.

가인의 후손 중에서도 또 한 사람 양을 치는 자가 있었다. 그는 가인의 증손자인 야발이다. 야발에 대해 성경은 이렇게 소개하고 있다. "그는 장막을 치고 살면서, 집짐승을 치는 사람의 조상이 되었다." 야발은 양뿐만 아니라 인간이 기를 수 있는 짐승은 모두 치고 있었다고 기록하고 있다. 아벨과 달리 그는 재산을 위해, 소유를 위해 짐승을 쳤다. 아벨은 양을 지키는 자였고, 야발은 양을 치는 자였다. 아벨은 양을 하나님의 소유로 생각하고 청지기로 지키는 자였지만 야발은 자신의 소유로 생각하고 짐승을 기른 것이다. 가인으로부터 물려받은 소유에 대한 사상을 야발은 그대로 실현하고 있었다. 투박하지만 원시적인 형태의 자본주의가 시작된 것이다. 소유도 이제야 자신의 본색이 제대로 드러나게 되었다. 내 것, 내 소유에 대한 의식이 자리를 잡고, 사람을 지배하기 시작하자 그들이 주류의 세계를 형성하기 시작했다.

자본주의 세상에서 인류가 자신의 소유를 주장하고 그 권리를 주장하는 것은 매우 당연한 것이라고 할 수 있다. 문제는 그것을 넘어서 소유가 탐욕과 결부되면서 자신의 소유를 지키고 더 많이 소유하기 위한 적자생존이 보편화되었다는 것이다. 치열하게 싸워서 자신의 것을 지키지 못하면 루저(looser)가 되고 어리석은 자로 낙인찍히는 시대가 되었다. 우주만물의 주인은 오직 하나님 한 분뿐이시고 우리는 그 자연을 관리하는 청지기로 부름 받았다는 청지기 사상은 비주류가 되고 말았다.

더 많이 소유하게 되자 그 여유로 인류는 점점 쾌락을 추구하게 되었다. 자신의 안락과 부를 위해 전쟁도 불사하게 되었다. 인류가 소유의 늪에 점점 더 깊이 빠져들어 갈수록 진정한 소망은 점점 더 멀어져 갔다. 선악과를 먹고 눈이 밝아져 내 것, 내 소유를 인식하자마자 타인이 보이면서 자신의 벗은 몸을 보게 되었다. 피아가 구분되면서 내 것을 지키기 위해 인간은 자연스럽게 방어수단을 만들기 시작했다. 방어뿐만 아니라 더 많이 확보하기 위해, 더 많은 풍요를 위해, 더 많은 안락함을 위해 다른 사람의 것을 넘보기 시작했다. 전쟁이 일상화되고, 곳곳에서 강한 자에 의한 억압과 착취와 살인과 인격말살이 일상화되었다. 그렇게 하나님과 전혀 상관없는 자신만의 길을 인류는 가게 되었다.

창세기 6장 5~6절에 이러한 실상이 적나라하게 표현되어 있다. "사람의 죄악이 세상에 가득함과 그의 마음으로 생각하는 모든 계획이 항상 악할 뿐임을 보시고, 땅위에 사람 지으셨음을 한탄하사 마음에 근심하시고."

소유의 늪은 깊고, 음흉하고, 모든 것을 삼킬 정도로 그 끝이 없다. 그런데 안타까운 것은 인류는 그곳에 빠져, 자신들이 빠져 있는 것조차도 모른다는 사실이다. 하나님은 탄식 가운데 이러한 인류를 홍수로 쓸어버리셨다. 사람뿐만 아니라 이미 인류가 뱉어 놓은 온갖 것들로 오염된 땅 위에 기어 다니는 것과 모든 공중의 새까지도 쓸어버리셨다. 오직 한 가족, 노아의 가족들과 선택된 짐승들만 남겨 둔 채…….

노아홍수 이후에 새로운 세상이 펼쳐졌다. 당연히 새 시대가 도래하고, 홍수 이전과는 질적으로 다른 하나님 중심의 시대가 펼쳐져야 했다. 그러나 이미 인류 DNA 깊숙이 자리하고 있는 소유의 발호를 막을 방법이 없었다. 이미 죄악이 인류의 본성이 되어 버려서 소유지향적인 성향은 사라지기는커녕 더 힘을 키우면서, 인류 최대의 반역을 준비하고 있었던 것이다.

가인과 그의 후예, 인간의 나라를 꿈꾸다

홍수 이후에 왜 인류는 하나님에 대한 대반역을 시작했을까? 주동자는 누구였고, 어디에서 시작되었으며, 그 반역의 규모는 어느 정도였을까? 그 반역이 오고 오는 인류에 어떤 영향을 미쳤을까? 거대한 홍수에 의해 인간의 온갖 지저분한 것도, 문화도, 과학도, 예술도 심지어 죄성도 다 씻겨 갈 만도 한데 어떻게 반역이 가능했을까?

반역은 시날 땅 바벨이라는 곳에서부터 시작되었다. 반역의 주동자는 니므롯이었다. 그렇다면 주동자인 니므롯은 어떤 사람이었을까? 이런 질문에 답하기 위해서는 우리는 먼저 성경을 살펴 볼 수밖에 없다. 바벨탑 사건이 기록된 성경은 창세기 11장 1절부터 9절까지다.

모세가 창세기를 기록한 시기는 성경학자마다 조금씩은 다를 수 있지만 대략 기원전 14~5세기라고 알려져 있다. 노아홍수가 대략 기원전 24세기 정도로 알려져 있음으로 성경 기록까지 약 천 년의 기간이 존재한다. 하나님은 그 천년의 기간을 회고하시면서 모세를 통해서 이스라엘에게 무엇을 말씀하시고자 하신 것일까?

　10장과 11장에 기록된 내용을 살펴보면 온통 노아 이후 자손들의 족보 이야기밖에 없다. 유일하게 바벨이야기만 족보가 아니다. 그런데 바벨탑 이야기가 기록된 위치가 우리로 하여금 의아하게 만든다. 왜냐하면 10장부터 노아의 후손들의 족보가 기록되어 있고, 11장 10절부터는 셈의 족보를 기록하고 있기 때문이다. 일반적인 상황이라면 11장 전체가 당연히 족보에 대한 내용으로 기록되어야 할 것이다. 그런데 갑자기 이 족보 이야기 중간에 엉뚱하게도 바벨탑에 대한 기록이 끼어들어 있다. 그리고 바벨탑 이야기가 끝나자마자 마치 아무런 일도 없었던 것처럼 셈의 족보가 계속해서 이어진다. 왜 족보 중간에 바벨탑 사건을 기록해야만 했을까? 족보 사이에 기록할 정도라면 매우 중요하다는 것일 텐데……. 어떻게 바벨탑이 소유의 늪에 빠진 인류의 최대의 반역 사건이라고 할 수 있을까? 그러면 한번 생각을 해 보자. 이 천 년 동안에 수많은 엄청난 사건들이 있었을 것이다. 아마 수많은 인간의 희로애락으로 가득 찼을 것이다. 거기에는 1, 2차 세계 대전과 같은 엄청난 대 사건들이 있었을 것이다. 그런데 그 많은 사건들 중에서 왜 하필 바벨탑 사건이었어야 했을까?

　우리가 배운 역사 지식을 총동원하여 한 나라의 지나간 천 년의 역사를 가장 잘 표현해 주는 사건을 택하라고 한다면 우리는 무슨 사건을 택할 수 있을까? 정말 어려운 질문이다. 그러나 수많은 고민과 연구 끝에 드디어 택했다면 우리는 그 사건에 여러 가지 의미를 부여해서 천 년의 역사를 설명하려고 할 것이다. 그러므로 이 사건은 그 시대만의 그냥 지나가는 하나의 사건으로 존재하지 않을 것이다.

　자, 그러면 이제 인류 최대의 반역인 바벨이 담고 있는 비밀의 방으로 함께 들어가 보자.

　먼저 성경을 살펴보아야 한다. 필자는 성경 주석가가 아니지만, 소유

가 자신의 길을 어떻게 가고, 인류는 어떻게 점점 소유의 포로가 되었는가
라는 관점에서 살펴보고자 한다.

바벨에서 인류의 반역이 시작되다

창세기 11장 1~9절까지의 본문은 5절을 중심으로 크게 두 부분으로
나눌 수 있다. 1~4절까지는 바벨 성과 탑 건축에 대한 건축 설계와 방법이
거론되고 있다. 지금으로 말하면 세계 최고층 건물을 짓겠다는 말과 동일
하다. 예나 지금이나 한없이 건물을 높게 짓고 싶다는 욕망은 이때부터 시
작되었는지도 모르겠다. 그들은 왜 도시와 탑을 건축하려고 하였을까? 그
들의 건설 목적은 무엇이었을까? 그들은 먼저 도시를 건설하고, 그 안에
탑을 쌓기를 원했다. 이유는 하늘에 닿게 하여 자신들의 이름을 알리고, 흩
어지는 것을 막겠다는 것이다. 그들은 여전히 홍수 트라우마의 영향을 받
고 있었다. 하지만 왜 홍수가 일어났는지를 분명하게 알았을 터인데, 그 교
훈은 이미 관심이 없었던 것 같다. 오직 자신들의 이름, 즉 눈이 밝아져 진
정한 소유주가 되려는 욕구가 더 강했다. 하나로 똘똘 뭉쳐 창조주 하나님
에 대한 정면 도전을 선포한 것이다. 그들은 겸손하게 하나님의 이름을 알
리는 것이 아니라 인간의 이름, 인간의 위대함을 알리려고 하였다. 그러기
에 바벨성과 탑은 하나님에 대한 인류 최대의 반역이었다. 노아홍수 전에
도 개인적인 차원에서의 반역은 있었지만 인류가 공동으로 하나님을 대적
한 것은 처음이었다. 그러나 5절의 하나님의 강림으로 장면이 완전히 전환
된다. 4절까지 인류는 함께 모여서 자신들이 모든 것을 할 수 있다고 자만
에 빠져 있었지만 하나님의 강림으로 그 어마어마한 공사가 대혼란에 빠지

게 되었다. 이어서 6~9절까지는 이 바벨탑과 성건축 공사에 대한 하나님의 생각과 심판이 기록되어 있다.

이들이 정착한 곳은 매우 비옥한 시날평지로 성경에는 바벨론으로, 지금의 이라크에 해당된다. 세계 역사로는 메소포타미아와 티그리스 강 사이로 메소포타미아 문명으로 보통 알려져 있다.

그렇다면, 그 당시 사람들에게 홍수라는 단어는 어떤 의미로 인식되었을까? 두려움과 공포가 아니었을까? 잠재의식 깊숙하게 홍수는 자리 잡고 있었을 것이다. 그러므로 홍수를 근본적으로 없애고 방지할 수 있는 수단이 있다면 모든 사람들이 혹하며 따라갔을 것이다. 이러한 두려움으로 인해 노아의 자손들은 먼 곳으로 뿔뿔이 흩어지는 것을 싫어했던 것 같다. 그들은 함께 모여 북적댈수록 더 안전하다고 생각하였다. 그것은 하나님에 대한 공개적인 거부였다. 하나님은 창세기 1장 28절에서 생육하고 번성하여 온 땅을 지혜로, 사랑으로 잘 다스리라고 명령을 하셨다. 그러나 홍수 이후에 인류는 모여서 마음이 통하는 자기들끼리만 평화롭게 살기를 원했다. 하나님의 문화 명령을 거부한 것이다. 그들은 하나님의 보호 아래 평화롭게 온 세계로 퍼짐으로써 하나님의 명령을 따르기보다는 자신들의 요새를 구축할 생각을 품었다. 이때 그들이 만장일치로 가결한 내용이 3, 4절이다.

"서로 말하되 자, 벽돌을 만들어 견고히 굽자 하고 이에 벽돌로 돌을 대신하며, 역청으로 진흙을 대신하고, 또 말하되 자, 성읍과 탑을 건설하여 그 꼭대기를 하늘에 닿게 하여 우리 이름을 내고, 온 지면에 흩어짐을 면하자 하였더니"

평지이므로 돌로 탑을 쌓을 수가 없었을 것이다. 그래서 그들은 벽돌을 구워서 성과 탑을 건축했다. 건축 방법을 고려하면 그 당시 과학의 발달과 수준을 짐작해 볼 수 있다. 더 중요한 것은 그들의 건축 목적이다. 그들은 하나님이 없는 그들만의 성 즉, 도시를 건설하려고 했다. 그리고 탑을 꼭대기가 하늘에 닿도록 쌓아 인류의 이름과 위대함을 만천하에 두고두고 알리고자 했다. 인류의 자신감과 교만과 패기를 느끼게 만든다. 이러한 자신감과 교만에 대해서 하나님도 6절에서 인간이 하는 일을 금지할 수가 없을 정도라고 인정하고 있다. 그만큼 소유가 강력하게 인류를 지배하고, 그것이 대세를 이루었다는 것이다. 인간이 하는 모든 일들이 악하다고 성경은 기록하고 있다. 하나님을 마음에 두기 싫어하는 교만함! 하나님을 떠난 인간의 철저한 인본주의를 보여 준다. 하나님을 두려워할 줄 모르는 인간의 교만함을 하나님도 인정하실 정도가 되었다는 것이다.

그들은 하나님을 모독하고, 인간이 주인이 되는 세상을 건축하고자 했다. 그들의 건축 의도가 그것을 분명하게 보여 준다. 왜냐하면 그들이 대를 쌓되 '그 꼭대기가 하늘에 닿게' 쌓으려고 한 것은 명백히 하나님에 대한 도전이거나 아니면 적어도 하나님과 경쟁하려는 태도를 나타내기 때문이다. 하나님이 인간에게 주신 창조적인 능력을 오히려 하나님을 대적하는 곳에 사용하고 있다. 과학이 그들을 구해 줄 수 있을 것이라고 생각했다. 그 과학으로 충분히 인간이 신이 되고, 하나님이 없어도 스스로 우주만물의 주인이 될 수 있다고 생각했다. 하나님 나라가 아니라 인간 나라를 건설하려고 했다.

지금도 이 생각은 여전하지 않은가? 그러면 도대체 이 반역의 주동자는 어떤 사람이란 말인가? 그 당시 시날 평야에서 무슨 일이 벌어졌던 것인가? 창세기 10장 9절을 보면 니므롯이라는 용감한 사냥꾼이 나온다. 대부분의 역사가들은 이 니므롯이 시날평지에 자신의 왕국을 건설했다고 한다.

그렇다면 니므롯은 어떤 사람이었을까? 그는 당대의 유명한 사냥꾼이었다. 홍수 이후라 사냥할 수 있는 변변한 무기가 없었음을 고려한다면 니므롯의 인기는 가히 하나님을 능가할 만했을 것이다.

바벨의 반역은 노아홍수 이후 얼마쯤 되는 시점에 일어났을까? 셈의 손자인 셀라가 홍수 이후 약 40년쯤 뒤에 태어났다. 그러므로 함의 손자인 니므롯도 비슷한 시기에 태어났다고 유추할 수 있다. 다시 말해서 노아홍수 이후 100년도 안 되어서 니므롯은 하나님을 대적하는 거대한 세력으로 등장했다는 것이다. 이것이 죄악의 무서운 파괴력이다. 하나님은 홍수 이후에 인류가 더욱 하나님을 두려워하며, 창조의 섭리에 맞게 하나님과 교제하며 살기를 바라셨다. 그러나 인간은 100년도 안 되어서 하나님을 철저하게 배격하고, 왜곡된 인간 중심의 나라와 종교를 만들어 냈다. 시기적으로 보면 노아도 시퍼렇게 살아 있었는데도 말이다. 그러나 노아의 외침과 기도는 죄악의 도도한 흐름 앞에서 힘을 잃고 말았다. 셋 계열의 거룩한 영적 자손들이 비주류로 밀려나고, 힘을 잃고 말았다.

홍수 이후 약 350년이 지났을 때 아브람이 태어났다. 노아는 아브람이 태어나기 불과 2년 전에 죽었다. 셈은 아브람과 150년간 같은 시대에 살았고, 이삭과는 50년간을 같은 시대에 살았다. 아르박삿과 셀라도 아브람과 거의 100년간을 같은 시대에 살았다. 다시 말해서 하나님에 대한 통합적인 인식과 지식이 풍성하게 전승될 수 있는 충분한 시간이었다는 것이다. 노아홍수를 통한 하나님의 심판의 메시지가 충분하게 전달되고 확실하게 인식될 수 있을 정도로 시간은 충분했다. 그런데 사탄의 세력이 얼마나 강했기에 하나님의 사람들은 비주류가 되고 말았을까?

바벨탑은 인간의 나라, 세속문화의 시작이었다. 인간이 신이 되는 우상승배의 시작이었다. 사탄이 견고한 진을 구축하고, 하나님을 대적하여 진군나팔을 분 사건이었다. 구원 역사와는 정반대편에 서 있었던 사건이었다. 하나님도 그 세력의 강력함을 인정할 정도였다. 그러므로 바벨탑은 천년의 역사 속에서 대표적인 사건으로 등장할 수밖에 없었을 것이다.

이름을 알리다

먼저 고고학적인 관점에서 이 시날 평지에 건설된 나라를 살펴보자. 11장에 나오는 성과 탑은 니므롯이 세운 고대 수메르(Sumer)라는 나라라고 추측할 수 있다. 그는 고대 근동지방을 다스렸던 가장 힘이 세고 영향력이 있는 왕이었다. 지금도 고고학을 통해서 밝혀진 수메르 문명의 흔적은 사람들을 놀라게 한다. 이 시대에 이미 어마어마한 도서관이 있었음을 밝혀 주고 있다.

니므롯은 스스로 절대군주가 되려고 했다. 그러므로 이 바벨성과 탑 건축은 전적으로 그의 의도와 목적에 의해서 건축되었다고 할 수 있다. 그는 홍수에 대한 인간들의 두려움을 교묘하게 이용했다. 그는 하나님을 대적하며, 개인 우상숭배를 통해 세계적인 군주가 되고자 하였다. 그는 항구적인 지배체제를 구축해서 영원한 제왕이 되고자 했다. 이것을 위해서는 하나님의 존재는 사라져야 했다. 하나님을 대신할 수 있는 만들어진 신이 필요했다. 그는 스스로 신이 되어 오고 오는 세대에 신격화와 우상숭배라는 씻을 수 없는 짙은 그림자를 남겨 주었다. 그래서 그 일을 이루기 위해 그는 공동의 안전을 위해 연합한다는 구실 아래 그들을 한 집단으로 묶어 그의 감시 아래 두고, 그렇게 하여 그들을 지배할 수 있는 권력을 장악

했다. 그렇게 니므롯은 만민의 주요, 왕 중의 왕이 되었다. '스스로 있는 자'가 된 것이다. 사탄이 말한 그 하나님이 되려고 한 것이다. 그는 사람들에게 "우리 모두 역사의 주인이 되어서 온 인류와 후손들에게 우리의 이름을 알리자"고 했다. 니므롯은 사탄의 철저한 대변인이었다. 그런 그를 중심으로 인간의 나라를 건설했다는 것을 후손들에게 알려 주고 싶었다. 그 중심에 바벨탑이 있었다. 그러므로 탑은 매우 중요하고 상징적인 의미를 가지고 있다. 이것이 바벨사건이 말하고자 하는 핵심이라고 할 수 있다.

이름이란 한 인간의 실존을 가리킨다. 이름이 없다는 것은 존재론적인 실체가 없다는 것이다. 그러므로 성경에서 이름은 매우 중요한 의미를 갖는다. 자신들의 이름을 알리겠다는 것은 이 세상의 모든 역사의 주인이 자신들이라는 것이다. 세상 역사의 주인공이 자신들이지 하나님이 아니라는 것이다. 이 모든 것이 자신들 때문에 가능했다고 자랑하는 것이다. 즉 인간 자신의 위대함을 드러내는 것이다. 거기에는 역사의 주인이시고, 진정한 창조주이시고, 자존하는 유일한 소유주이신 하나님의 존재도, 도우심도 차지할 자리가 없다. 그래서 바벨성과 탑은 인류 최대의 하나님에 대한 반역이었다.

현대를 살아가는 지금의 인류는 어떠한가? 큰 차이가 있을까? 사람들은 자신의 이름이 드러나는 것을 좋아한다. 인정해 주기를 원한다. 어느 단체에서나 여러 가지 모습으로 은근히 자신의 이름이 알려지기를 원한다. 어떤 경우에는 적극적으로 자신을 알리기도 한다. 그만큼 영향력을 행사하고 싶다는 것이리라. 그러나 이름을 내는 것은 인간에게 달려 있는 것이 아니라 하나님께 달려 있다고 성경은 말한다.

바벨이라는 말은 그 당시 사람들이 사용하는 언어로 하면 "하나님의 문"이라는 뜻이다. 그러나 동일한 발음이지만 히브리어로는 '혼잡케 하다'라는 뜻을 갖고 있다. 얼마나 아이러니한 표현인가? 인간은 탑을 지어 하나님처럼 되고 싶었지만 하나님은 그것을 너무나도 허무하게 만들어 버리셨다. 하나님은 이렇게 이름을 내려고 하는 인류를 홍수가 아닌 언어를 흩어 버리시는 것으로 심판하셨다. 의사소통이 안 되자 자연스럽게 탑 건축은 중지되고 말았다. 언어의 분리는 인간의 한계를 깨닫기를 원한 하나님의 사랑의 표현이셨다. 순간적으로 단번에 온 인류를 멸망시킬 수 있음에도 불구하고 인내하신 것은, 이 우주의 주인이 누구인지 깨닫기를 바라신 것이다. 인간이 우주의 주인이 아니라 피조물인 인간 본연의 존재 의미를 잊어버리지 말라는 것이다.

아브람

그러면서 성경은 아무런 일도 없었다는 듯이 셈의 족보를 끝내고 12장으로 넘어 간다. 12장에는 기독교나 이슬람교 모두 조상으로 섬기는 한 사람의 이름이 나온다. 아브람이다. 카메라를 줌인(zoom in)하면 넓은 지역에서 한 중심의 물체로 좁아지면서 고정된다. 마치 창세기 10장, 11장이 줌인되면서 정점인 12장을 향하여 점점 좁혀가는 것 같다. 그 최종적인 초점은 바로 한 사람, 아브람이다. 인간의 나라가 여전히 대세이고, 그것이 주류의 역사요, 소유가 지배하는 인간의 나라였지만 하나님의 관심은 그것에 있지 않았다. 하나님의 관심은 인간에게 있었다. 그래서 이 소유의 거대하고 도도한 흐름을 돌이키실 역사를 새롭게 쓸 한 사람이 필요하셨다. 그가 아브람이다.

그렇다면 하나님께서 아브람을 택할 당시 아브람은 그 당시 문화의 주류 세력이었을까? 성경을 찬찬히 살펴보면 그렇지 않은 것을 쉽게 발견할 수 있다. 마치 예수께서 아무도 알아 주지 않는 말구유에서 태어나신 것처럼 말이다.

그러면 아브람 당시의 주류 세력은 누구였을까요? 그것은 셈족을 몰아내고 시날 평야에 자신의 왕국을 건설한 함의 손자인 자칭 신인 니므롯에 의해 만들어진 인간의 나라였다. 이렇게 하나님의 이름은 노아홍수 350년 만에 희미한 존재가 되고 말았다.

그러나 하나님은 눈이 밝아져 소유에 눈이 뜬, 스스로 하나님이길 자칭하는 멸망받을 인간들이었지만 구원을 위한 대역사를 시작하셨다. 그 역사의 출발은 역사의 변방에서 한 사람을 세우는 것이었다.

아브람을 택하신 후, 하나님의 첫 명령은 "내가 지시할 땅으로 가라"는 것이었다. 인간의 나라에서는 이미 땅은 한 사람의 성공을 가늠하고, 생존의 근간이 되는 소유의 핵심 요소였다. 그러나 이 땅도 모든 사람들이 골고루 가진 것이 아니었다. 이미 신격화되어 신이 되어 버린 니므롯과 그의 후예들이 다스리는 지배와 피지배의 확실한 계급구조의 사회였다. 그들은 최상위 계층에서 자신들의 부와 소유를 영구화하기 위해 스스로 신이 되어 지배논리로 삼았다. 일반 백성들은 왕이자 신인 그들의 지배자를 섬겨야 했고, 지배 계층은 그것을 더욱 공고히 하여 그들의 부와 소유를 보장받았다. 니므롯은 노아홍수 이후 처음으로 하나님이 아닌 자신의 왕국을 건설하였다. 그들은 하나님을 대신하고자 했고, 성공했다.

그들은 '스스로 존재하는 유일한 자'는 모든 인간이 아니라 선택된 일부만이라는 우민화 교육을 통해 신비감을 조성하고, 거짓 소문을 통해 지배자에 대한 두려움을 갖게 만들었다. 각 나라마다 현존하는 컬트(미신)는 그렇게 그 배경을 갖고 있다. 그래서 어느 누구도 그 지배에 항거할 생각을 가지지 못하게 한다. 물론 간혹 그것에 반발하는 사람들이 나와서 분위기를 반전시키기도 하지만 민주주의가 실현되기 전까지는 지배계층은 여전히 지배계층이었고, 피지배계층은 여전히 피지배계층이었다. 이것이 초창기 소유가 만들어 낸 비극적인 모습이었다.

이런 분위기에서 왕들은 자신들의 영토 보전과 더 많은 부를 소유하기 위해 서로 죽이고, 죽는 전쟁을 하게 된다. 사탄은 소유의 늪에 빠진 인류가 자신들의 실존을 발견하여 하나님을 찾고, 하나님께로 돌아가는 것을 막기 위해서라도 우상화, 신격화가 필요했고, 계속해서 생존경쟁으로 내몰아 시선을 돌이키려 한다. 전쟁을 통한 안락과 풍부함, 그리고 더 많은 소유에 맛이 들게 되자 승리를 위한 수단을 적극적으로 개발하기 시작했다. 자연스럽게 과학이 발전하기 시작했다. 혹자는 그러면 그 당시 전쟁도 과학발전이라는 순기능이 있었고, 그 혜택을 지금 인류가 받고 있는 것이 아닌가라며 긍정적으로 생각할 수도 있을 것이다. 그러나 자신이 승리자의 편이 아니라 부모를 잃고, 노예가 되고, 인간 이하의 비참한 대접을 받는 피지배자의 입장이라면 생각은 달라질 것이다.

소유는 인류로 하여금 삶의 터전인 땅에 눈을 돌리도록 했다. 땅이 모든 것의 기준이 되고, 가진 자는 더 많은 안락과 탐욕을 위해 사람들을 전쟁의 소용돌이로 내몰았다. 그 죽음과 전쟁의 반복 속에서 인류는 적대감과 분노, 한을 쌓기 시작했다. 함께 더불어 살고, 섬기고 나누고 살아도 모자랄 인생인데, 인류는 그렇게 소유의 늪에 빠져 헤어져 나올 수 없는 대못이 박힌 빈부의 차와 적대감과 착취의 구조적인 모순으로 빠져 들어갔다.

이런 상황에서 인류는 어떻게 해서든지 더 많이 가져야 경쟁 우위에 서고, 자신이 살아남는 사회구조 속에 살게 되었다. 그것이 곧 선이 되는 세상이 되어 버린 것이다. 더 많이 소유한 자는 성공의 표상이 되고, 사람들이 우러러보고, 닮고 싶은 사람이 된 것이다. 더 많이 소유하고, 더 많은 돈을 가지기 위한 경쟁에 돌입하면서 인류는 국가와 국가, 개인과 개인 간에 서로 믿지 못하는 절대 불신과 무한 경쟁의 늪에 빠져 버렸다. 선악과를 먹고 눈이 밝아진 결과이다. 늪에 빠지면 그곳에서 빠져 나오는 것에만 모든 에너지를 사용하게 된다. 주위를 돌아볼 시간적인 여유가 없다고 생각한다. 그 무한경쟁 속에서 타인에 대한 배려는 점점 실종되고 있다. 그것이 착시현상인데도 말이다.

눈이 밝아져 하나님처럼 되려고 했는데, 인류에게 주어진 것은 하나님이 되기는커녕 소유의 거대한 늪에 빠져 소망 없는 인생이 되어 버렸다. 이것이 선악과가 준 사탄의 우주역사 가운데 최대, 최고의 사기극이었다.

그렇다면 인류에게는 소망이 영원히 없다는 것인가? 니므롯과 그의 후손들이 만든 인간의 나라는 땅 소유가 최대의 관심사였고, 그것이 모든 것의 핵심이었다. 소유와 땅은 새로운 경제 논리를 만들면서 땅에 완전히 종속된, 비틀어진 경제 구조가 되었다. 이젠 진정한 땅의 주인이시고, 창조주이신 하나님은 잊혀지고 있었다. 그 비틀어진 중심에 신이 된 왕이 있었고, 일반 백성들은 그들의 완전한 종이 되어 있었다. 땅 때문에 눈물을 흘리고, 땅 때문에 가족이 흩어지고, 노예가 되는 악순환이 된 것이다. 백성들은 소망이 없었다. 그나마 자신들을 이해해 주는 나름대로 선한 왕이 다스리면 어깨를 펼 수가 있었다. 눈이 밝아져 소유가 인간의 주인이 되자 하나님을 대신하는 인간 왕이 나와서 인류를 지배하기 시작했다. 그 자칭 신이자 거짓 왕을 섬기기 위해 자신들의 모든 것을 내어 놓아야 했다. 이유는 자신들을 대적들의 손에서 보호하고 구해 준다는 것이었다. 정작 이 싸움이 왜 생겼는지는 망각한 채 말이다. 소유는 그렇게 인간관계도, 경제논리도, 문화도, 세계관도 왜곡시켜 버렸다. 그렇게 깊이 소유의 늪에 빠져 버렸다.

이런 땅에 대한 잘못된 소유의식에 대해서 하나님은 새로운 대안을 제시하시길 원하셨다. 그것이 희망 없는 인류를 위한 하나님의 구원역사의 출발이었다. 하나님은 우선적으로 땅 소유에 대한 새로운 패러다임을 제공할 준비를 위해 아브람을 선택하셨다. 그리고 아브람에게 하나님께서 지시할 땅으로 가라고 하셨다.

그 땅은 어떤 곳이었을까? 그곳에서 인류는 하나님의 뜻에 따라 새로운 소유의 패러다임을 성공적으로 만들어 냈을까?

땅에 대한 잘못된 소유의식에 대해서
하나님은 새로운 대안을 제시하시길 원하셨다.
그것이 희망 없는 인류를 위한
하나님의 구원역사의 출발이었다.
하나님은 우선적으로
땅 소유에 대한 새로운 패러다임을 제공할 준비를 위해
아브람을 선택하셨다.
그리고 그가 지시한 땅으로 가라고 하셨다.

5장

땅이 보이다

　　레오 톨스토이의 단편인 "사람에게는 얼마만큼의 땅이 필요한가?"에 소작인 바흠의 이야기가 나온다. 자신의 아내와 그 언니가 시골생활과 도시생활에 대해 주고받는 말을 들으면서 바흠은 땅만 있으면 아무 걱정이 없다고, 악마도 어쩔 수 없을 것이라고 생각한다. 그때 자매 뒤에 있던 악마는 바흠을 시험하기로 마음먹는다. 지주의 관리인에게 시달림을 받던 바흠은 어느 날 지주가 땅을 판다는 소식에 간신히 작은 땅을 마련하고, 열심히 일을 해서 그 땅을 자신의 땅으로 갖게 된다. 땅을 갖게 된 바흠은 자신의 목초지를 망가뜨리는 이웃의 행동을 땅이 좁아 그렇다는 식으로 이해하다가 점점 욕심을 내면서 이웃을 고소하고 벌금을 받아낸다. 그러다 지나가는 나그네에게서 조합에만 가입하면 더 넓은 땅을 가질 수 있다는 말을 듣고 새 고장으로 이사를 하고, 조합에 가입하여 더 넓은 땅을 차지한다. 땅에 대한 바흠의 욕심은 더욱 커져 더 먼 곳에 가면 훨씬 싼 값에 더 넓은 땅을 가질 수 있다는 말을 듣고 그 고장으로 찾아간다. 바흠은 천 루블을 지불하면 하루 동안 걸어서 표시한 땅을 얼마든지 가질 수 있다는 말을 듣고 이제 정말 원하던 넓은 땅을 갖게 될 것을 기대하며 잠을 청한다. 꿈에서 바흠은 촌장이 배를 잡고 웃고, 그 촌장의 모습이 자신에게 땅에 대해 알려 준 나그네의 모습으로 변하고, 그 나그네는 농부로, 농부는 악마로 변하는 모습을 본다. 그리고 그 악마 앞에 속옷 바람으로 죽어 있는 자신의 모습을 본다. 그럼에도 불구하고 다음날 땅을 걷기 시작한 바흠은 욕심을 내고 더 멀리 더 멀리 걷는다. 뒤를 돌아보니 자신이 출발한 곳은 이미 보이지 않을 만큼 멀리 와 있었다. 그는 기쁨에 차서 환성을 질렀다. "이 땅이 전부 내 것이구나!" 그는 신이 나서 더욱 앞을 향해 나아갔다. 그가 정신없이 앞으로 걸어가는 동안 어느덧 태양은 서산으로 넘어가고 있었다. 그는 순간 정신이 번쩍 났다. "큰일 났구나, 해가 지기 전에 돌아가지 못하면 땅을 한 평도 얻지 못하는데!" 그는 정신없이 뒤돌아 달리기 시작했다. 죽을 힘을 다해 원점을 향해 달려갔다. 다행히도 그는 해가 지는 순간 원점으로 돌아올 수 있었다. 지친 몸은 무거울 대로 무거워져서 간신히 마지막 힘을 내며 언덕에 올라섰다. 하지만 바흠 앞에서 촌장은 꿈에서 본 대로 웃고 있었고, 바흠은 피를 토하며 숨을 거두고 만다. 하인은 그가 묻힐 만큼의 땅을 파고, 결국 바흠은 자신의 키만큼의 땅만 차지하게 된다. 땅이 그의 인생의 전부이자 목적이었던 그가 죽을 때에 차지한 것은 겨우 한 평도 안 되는 땅이었다. 그러나 그 땅도 그의 소유가 아니었다. 시간이 지나 모든 육체가 부패하면 결국 흙으로 돌아가기 때문이다. 바흠이 자신의 전 생애를 걸고 차지하고 싶을 정도로 예나 지금이나 인간에게 땅은 중요하다.

실낙원 이후 인류는 땅에 의존하게 되었다. 땅은 인류에게 있어서 삶의 터전이요 생명줄과도 같은 것이었다. 하지만 타락 후 처음 만난 땅은 온갖 잡초가 무성한 그런 황량한 곳이었다. 땅은 호락호락하게 인간에게 자신을 내어 주지 않았다. 땅에서 식량을 구하기 위해서는 땀을 흘려야 했다. 그것이 하나님의 인류를 향한 징계였다. 타락한 인류의 숙명이었다. 인류는 땀을 흘려 노력하지 않으면 그 어떤 것도 얻을 수 없는 그런 존재가 된 것이다. 그 땅을 차지하기 위해 인류는 수많은 고난과 전쟁의 소용돌이를 견뎌왔다. 그래서 인류의 수많은 희로애락은 땅과 얽혀 있다. 지배와 피지배계층 간의 경계가 분명했었던 역사 속에서 땅은 권력과 지배의 상징이었고 수단이었다. 인간에 의한 인간의 지배가 처음으로 공식화된 니므롯의 시대에도 역시 땅은 통치의 수단이요, 권력 유지의 핵심이었다. 징기스칸, 알렉산더 등 역사상 위대한 왕들은 모두 전쟁을 통해 거대한 땅을 차지한 자들이다. 후대는 그 왕들의 정복 전쟁을 위해 희생된 수많은 이름 모를 사람들을 기억하지 않는다. 역사는 "승자의 기록이다"라는 말 한 마디로 민초들의 수많은 고통의 과거들은 무심한 바람만 남길 뿐이다.

에덴동산과는 전혀 다른 환경에 적응하기 위해 아담과 하와는 고통 속에서 에덴동산을 그리워했을 것이다. 하지만 점점 주어진 현실에 적응해 가면서 땅은 아무리 강조해도 지나침이 없다는 것을 깨닫게 되었다. 내가 주인이 되고, 살기 위해 소유한 것을 지키고 더 소유하기 위해 물고 물리는 약육강식의 시대가 이미 그들 앞에 펼쳐진 것을 알게 되었다. 이런 환경 속에서 생명의 위협을 느낀 가인은 범죄 후에 자신이 죽지 않을 수 있도록 하나님께 자신의 생명을 구명할 수밖에 없었다.

그래서 성경에는 땅과 관련한 이야기가 구약 전편에 기록되어 있다. 니므롯에 의한 바벨에서의 대반역이 있은 후, 인류가 뿔뿔이 흩어졌지만 여전히 니므롯은 당시 최고의 지배자였다. 그가 인류에게 미친 영향은 모든 문화, 언어, 종교, 예술에 깊게 배여서 지금도 그 영향력은 현재 진행형이다. 하나님의 사람들의 영향력이 사라질 위기 속에서 하나님이 택한 사람이 아브람이었다. 아브람을 통해서 하나님은 새로운 역사를 만드시길 원하셨다. 그러기 위해서는 정착할 땅이 필요했다. 그 땅이 하나님이 지시한 땅 가나안이다.

아브람이 갈대아 우르에서 하나님께서 지시한 땅인 가나안으로 가서 정착을 했지만, 후손들이 바로 그곳에서 완전히 정착한 것이 아니었다. 3대째인 야곱이 갈대아 우르에서 다시 가나안으로 돌아온 후, 극심한 기근을 피해 아들 요셉이 있던 이집트로 70여 명의 온 가족이 이주하게 된다. 요셉이 미리 그의 형제들과 약속한 가운데 바로에게서 허락을 받은 곳인 고센이다. 하지만 그곳은 그들이 영원히 거주할 땅이 아니었다. 그들은 하나님께서 조상 아브라함에게 약속하신 가나안 땅으로 가야 했다. 이집트에서의 400년간의 긴 세월 속에서 그곳이 자신들의 거주지이자 영원히 살 곳으로 생각하고 살 수도 있었지만 그들은 그 꿈을 잊지 않았다. 이집트의 왕조가 바뀌면서 탄압을 받았지만 모세의 인도 하에 이집트를 탈출하여 하나님께서 약속한 땅인 가나안으로 가게 된다.

이스라엘은 이집트에서 400년간 노예의 신분으로 살았다. 노예에게는 소유가 인정되지 않는다. 고난의 긴 400년 동안 그들에게 약속의 땅 가나안은 꿈에 그리던 땅이었다. 가나안은 그들이 어떤 고난 속에서도 견딜 수 있게 하는 그런 땅이었다. 그러나 그들의 불신앙으로 인해 40년의 광야 생활 중에 하나님을 원망한 구세대는 모두 죽고 새로운 세대가 드디어 가나안에 들어가게 되었다. 하나님은 가나안에서 이스라엘 백성들을 통해 소유에 대한 새로운 패러다임을 만들고 싶어 하셨다.

가나안에서 지파별로 땅을 분배받은 그들의 마음은 어떠했을까? 감

격 그 자체였을 것이다. 그들에게 땅은 어떤 의미로 받아들여졌을까? 이집트에서 경험했었던 땅에 대한 인식과 철학을 그대로 답습한 것일까? 그렇다면 또 다른 비틀어진 소유의 한 형태를 보게 될 뿐이다. 그들이 이집트에서 경험한 땅에 대한 철학은 소수의 몇 사람이 땅을 소유하는 스스로 신이 된 파라오 한 사람의 것이었다. 파라오는 신의 대행자이자 자칭 신이었다. 그 어느 누구도 이것을 범접할 수 없었다. 땅은 그들의 지배와 소유를 보장해 주는 것일 뿐이었다. 땅의 진정한 소유주가 하나님이라는 생각은 아예 안중에도 없었다. 일부 백성들이 땅의 소유권을 가지고 있기도 했지만 그것도 언제 왕의 소유가 될지 모르는 상황이었다. 왕이 요구하면 모두 내어 놓아야 하기 때문이었다.

그 당시 세상에서는 땅이 모든 부와 소산의 근본이었다. 그 땅은 생존과 직결되었다. 인간이 수단과 방법을 가리지 않고 땅과 인간 그리고 돈을 지배하려는 인본주의가 그 근본이다. 하나님이 땅의 주인이고, 모든 소유가 하나님께 있다는 땅에 대한 철학이 설 자리가 없었다. 그런 세상 속에 하나님께서 이스라엘 백성을 택하셔서 인간은 땅을 소유한 것이 아니라 청지기로 부름을 받았다는 분명한 진리를 보여 주시고자 하셨다. 역사상 지리적으로 거대한 강대국들의 힘이 부딪치는 곳이 팔레스타인이었다. 이집트 세력과 유럽 및 중동의 세력이 격돌하기 위해서는 언제나 지금의 이스라엘 땅인 가나안을 경유해야만 했다. 이스라엘은 그런 지정학적인 곳에 위치해 있었고, 동서양의 문물과 문화와 세계관이 흘러가고 흘러오는 관문이었다. 그런 곳에 하나님께서는 소유의 늪에 빠져 이웃을 보지 못하고 자신만을 생각하고, 잘못된 우상에 경도된 인류에게 땅이 누구의 것이며, 어떻게 경영해야 하는지를 보여 주시고자 한 것이다. 그래서 이스라엘의 가나안 땅 분배는 중요한 의미를 지닌다고 할 수 있다.

한국 전통놀이 가운데 "땅 따먹기"라는 것이 있다. 큰 원을 그려 놓고 놀이의 당사자들이 큰 원 안에서 먼저 일정한 작은 크기의 자신의 영역을 똑같이 그려 놓고, 돌이나 병마개로 세 번 쳐서 자신의 원으로 들어오면 지나간 자리만큼이 자신의 땅이 되는 놀이다. 상대편이 아무리 큰 땅을 차지하고 있더라도 세 번의 튕김을 통해 자신의 땅으로 돌아오기만 하면 상대편의 땅도 내 것이 되는 놀이다. 최종적으로 가장 많은 땅을 차지한다든지, 아니면 한 사람이 큰 원 안의 모든 땅을 다 소유하면 놀이가 끝나게 된다. 특별한 놀이 문화가 없었던 시대에 참 재미있게 놀았던 기억이 있다. 평평한 공간이 있는 곳이면 어디에서든지 놀이가 가능했다. 땅 소유에 대한 강력한 희망을 담은 서민들의 놀이문화였다. 그 만큼 '땅'은 모든 인류에게 생존에 대한 희망과 절망, 그리고 수많은 애환이 녹아 있는 단어라고 할 수 있다.

이스라엘의 가나안 땅 정복과 분배는 인간이 중심인 인본주의가 지배하는 세속주의가 아니라 하나님이 지배하는 신본주의로 돌아가라는 것이다. 그래서 원래 하나님이 인류를 창조하신 그 목적에 맞게 청지기 정신으로 땅을 다스리고, 사람을 대해야 함을 말씀하시고자 하신 것이다.

원래 인류는 자연을 관리하는 청지기, 관리자로 부름을 받았다. 아래 그림 오른편처럼 하나님의 전체적인 통치 하에 인류는 관리자로, 청지기로 부름을 받았다. 다시 말해서 다른 인류를 다스리고 소유할 권한이 없었다. 그러나 아래 그림 왼편처럼 소유의 늪에 빠진 인류는 원래의 인간 창조의 목적을 망각한 채 스스로 다른 사람도 지배하고 다스리는 인간의 나라인 인본주의가 당연한 것처럼 되어 버렸다. 하나님은 그런 세상 속에서 인간 창조의 원 모습을 회복하는 모델을 제시하고 소유의 늪에 빠져 허우적대는 인류에게 희망을 심어 주고 싶어 하셨다. 이스라엘은 그렇게 해서 선택된 백성이었고 나라였다. 비록 그 모델이 인간의 죄성으로 인해 실패하고 말았지만, 그 모델의 불씨는 여전히 강하게 살아남았다.

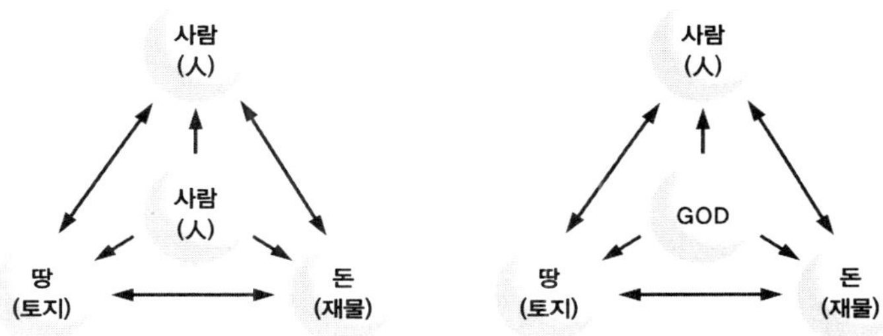

그래서 땅 분배라는 새로운 비전과 철학이 이스라엘에게 제시되어야만 했다. 가나안에서는 이스라엘 지파별로 분배된 땅을 다른 지파가 소유할 수 없었다. 모두 필요한 만큼의 땅을 분배받았고, 그 소유는 하나님이셨다. 이스라엘은 잠시 그것을 소유하여 잘 경영해야 할 청지기로 부름을 받은 것이다.

사람마다 능력의 차이가 있다. 그러므로 장사 수완이 좋을 수도 있고, 실패할 수도 있다. 시간이 지나면서 능력이 부족한 자는 자신의 땅을 팔거나 저당 잡히거나 했을 것이다. 능력 있는 다른 자가 그것을 구입해서 최신 경영기법을 동원하여 그의 소유를 늘렸을 것이다. 그러나 50년이라는 희년이 되면 모든 땅은 완전히 원래의 주인에게 돌려 주어야 했다. 왜냐하면 그 땅은 내 것이 아니기 때문이다. 실수나 경영능력 부족으로 땅을 팔고, 같은 종족에게 종으로 팔려 갈 수도 있었다. 그러나 주인이 종을 학대하고 노임을 체불하거나 인간 이하의 취급을 하면 이스라엘 공동체에서 그는 퇴출당해야 했다. 물론 하나님의 진노도 피할 수가 없었다.

예수님의 달란트 비유는 그런 차원에서 해석하면 새로운 의미를 제공한다. 한 달란트 가진 자의 것을 다섯 달란트 가진 자에게 주는 것은 청지기라는 관점에서 보면 경영능력이 없는 자보다 능력이 있는 자에게 맡겨서 더 큰 수익을 창출하는 것이 타당한 처사라고 할 수 있기 때문이다.

이스라엘에서 땅이 주는 의미는 율법의 가장 효과적인 적용의 대표적인 것이었다. 북이스라엘에서 대표적으로 우상숭배를 한 왕 중의 한 명인 아합 왕은 궁궐 앞에 떡 버티고 있는 나봇이라는 사람의 포도원이 눈엣가시였다. 그 포도원만 차지하면 전망도, 경제적 가치로도 효과 만점인데, 왕이면서도 그것을 차지 못해서 병이 날 지경이었다. 이 말은 왕이라고 할지라도 하나님이 정하신 율법을 깰 수가 없다는 것이다. 그만큼 하나님의 법은 지엄했고, 이스라엘 백성들 생각 속에 땅은 다른 사람의 것을 탐해서는 안 되는 신성불가침이었다. 그것은 구약시대 이스라엘을 지켜 주는 근간이었다. 세상 논리와는 확연하게 구분 되는 핵심이었다. 이렇게 끙끙대며 괴로워하는 아합을 보고 그의 부인 이세벨은 코웃음을 쳤다. 그의 고향인 시돈에서는 왕이 필요하면 언제든지 모든 것을 소유할 수 있었다. 왕이 필요하면 아무도 그것에 이의를 제기할 수 없는 그런 사회였고, 국가였다. 그래서 이세벨은 반대하면 당장 죽여서라도 취하라고 했다. 결국 이세벨은 계략을 써서 나봇의 포도원을 강제적으로 취하고 만다. 결국 이것이 아합 왕의 몰락을 재촉하는 계기가 되고 만다.

이스라엘의 경제논리는 자본주의도, 사회주의도 아니었다. 오직 하나님이 주인이시고, 인류는 그 권한을 위임받은 청지기라는 경제논리였다. 그러나 이미 타락한 인간 경제가 가지고 있는 근본적인 한계가 있기에 그것을 보완하기 위해 희년제도를 도입하셨다. 결국 50년이 지나면 원래의 주인에게 돌아가므로 빈부의 차이나 부정부패, 가진 자와 못 가진 자의 경제적 불평등과 착취, 노예를 사고파는 인신매매와 인간 지배라는 세상 논리는 끼어들 틈이 없었다.

자본주의는 구조적으로 부의 불평등 분배 구조를 가져 올 수밖에 없는 약점을 가지고 있다. 2011년 10월에 자본주의 중심이라고 할 수 있는 뉴욕의 월가에서 대규모 시위가 있었다. 그들이 든 피켓에는 "자본주의는 악이다(Capitalism is Evil)"라며 자본주의의 중심인 뉴욕에서 그것을 저주하는 시위가 벌어진 것이다. 이것은 미국뿐만 아니라 전 세계적으로 소득의 불균형과 골이 깊어지는 양극화 심화에 대한 시민들의 반발이라고 할 수 있다. 자본주의는 인간의 소유욕과 탐심을 그 동력으로 삼기에 근본적으로 부의 총량이 한정되어 있는 구조에서는 부의 불평등을 초래할 수밖에 없다.

인간의 이기적인 본성과 자유 시장을 주장한 아담 스미스를 시작으로 한 '전통적인 자본주의'와 정부의 개입과 규제 딪 복지를 강조하는 '수정된 자본주의', 그리고 민간의 자율을 강조하는 '신자유주의'까지 자본주의가 안고 있는 시대적인 문제를 해결하기 위해 여러 가지가 고려되어 왔지만 근본적으로 소유와 경쟁이 그 근간인 이상 부의 불평등은 존재할 수밖에 없다는 것이다.

구소련의 붕괴와 중국의 시장경제 도입과 동시에 여전히 최고의 가치관으로 인정받는 자본주의를 흔들고 있는 것은 결국 '부의 불평등, 즉 양극화'이다. 이러한 상대적인 빈곤을 해결하지 못한다면 자본주의는 결국 몰락하든지 아니면 지구적인 거대한 도전에 직면하고 말 것이다. 이러한 가치관이 고착화될수록 인류는 희망을 잃고, 무언가 새로운 세계를 희망하며 극단적인 가치관과 행동들이 개인적인 차원을 벗어나 사회간, 민족간, 국가간의 문제로 대두될 것이다. 한계에 도달한 자본주의의 끝이 어디일까? 마치 시한폭탄처럼 시계는 흘러가서 거의 폭발 직전이라고 할 수준은 아닌가?

그렇다면 마르크스의 사회주의, 공산주의는 이 문제의 해결책이 될 수 있을까? 구소련과 대부분의 공산주의 국가들의 경제 실패를 고려하면 이것도 대안이 아님을 쉽게 알 수 있다. 분배와 평등을 강조한 사회주의 국가에서도 시간이 지나면서 새로운 지배층의 대두로 불평등뿐만 아니라 보편적 경제 저하라는 결과를 초래하고 좌초하고 말았기 때문이다. 사회주의는 땅과 모든 재화에 대한 국가관리와 이를 통한 분배를 강조한다. 자본주의보다 더 그럴싸해 보이고, 사람들의 마음에 희망을 주는 것처럼 보인다. 그러나 그 국가도 역시 소유의 늪에 여전히 빠진 인간이 운영하고 다스린다는 사실을 망각했기 때문에 필경 실패할 수밖에 없다. 오히려 인간의 자율성을 뺏는 바람에 하나님이 인간에게 주신 창조의 능력과 기쁨도 박탈당해서 더 불행한 시대를 살 수밖에 없었다. 대부분의 공산주의 국가들이 결국 일당 독재나 일인 독재로 끝나면서 니므롯 시대로 회귀해 버린 것을 우리는 북한을 통해서 너무나도 여실하게 보고 있다.

결국 자본주의도, 사회주의도, 공산주의도 그 답이 아니라는 것이다. 이러한 고질적인 문제를 풀 대안은 없는 것일까? 하나님께서 이스라엘을 통해서 이루시고자 하신 새로운 변화는 실패로 끝나고 말았는가? 그 시효가 다했다면 누구의 잘못인가?

　이스라엘은 율법 그 자체는 유지하려고 죽을 힘을 다했지만 결국 율법이 제정한 그 정신과 본연의 의미를 망각했기에 이스라엘을 통한 하나님의 시도는 또 역시 인간에 의해 실패로 끝나고 말았다. 그만큼 소유의 늪이 깊고도 넓다. 소유는 이미 인간의 DNA가 되어 인간의 뇌와 온 몸에 골간이 되어 인간을 구성하고 있기에 죽음이 아니고서는 이것을 끝내는 것은 불가능하다. 이 DNA는 육체적인 유전을 통해서뿐만 아니라 정신적인 유전을 통해서 이미 인류와 혼연 일체가 되어 버린 것이다.

　이것이 선악과를 먹고 '나와 너'가 하나가 아니고 다를뿐만 아니라 소유의 눈이 밝아지면서 스스로 하나님이 되고자 한 결과다. 그래서 내가 누구인지를 망각하고 하나님의 형상으로 지음 받은 또 다른 인류를 권력과 힘이 있을 때에는 얼마든지, 언제든지 지배하고 착취해도 묵인되는 그런 윤리가 당연한 것이 되어 버린 것이다. '내 것을 가지고 내 마음대로 하는데, 무슨 상관이냐'가 법적으로도 보장받는 시대이다. 물론 그 마음대로의 사용도 이제는 인류 문명의 발달과 함께 진보적인 세력과 의식 있는 사람들에 의해 많이 개정되어 마음대로의 사용이 많이 제약을 받고 있는 것이 사실이지만 여전히 소유는 그 위력이 쇠퇴하지 않고 오히려 더 깊고, 넓고, 크게 인류를 지배하고 있다.

　하나님은 이스라엘의 땅 분배를 통해 하나님 나라를 선포하고 만들기를 원하셨다. 수천 년 동안 소유의 늪에 빠져 하나님을 잃어버린 인류가 인류 본연의 모습을 깨닫고, 하나님께로 돌아오기를 기대하셨다. 소유의 늪에서 빠져나와 더 이상 사탄의 사기극에 놀아나지 않기를 기대하셨다. 눈이 밝아져 소유가 가져온 그 엄청난 쓰나미를 해결하고 인류에게 희망의 메시지를 선포하기를 원하셨다. 그러나 인류는 그것을 받아들일 준비가 안 되었다. 소유의 늪이 너무 강력하기 때문이다. 인간의 나라라는 거대한 유혹이 이스라엘을 오염시켜서 하나님의 백성으로서의 신분마저 잊어버리게 했다.

소유욕이 문명의 발달과 과학의 발달의 원동력이 되는데 이것을 정죄하면 어떻게 하느냐고 반문할 수 있다. 과연 그럴까? 물론 현상적으로만 본다면 이 말은 충분한 타당성을 갖는다. 현재까지 그것이 동력이 된 것을 부인할 수가 없기 때문이다. 그러나 그것이 가져 온 결과가 과연 모두 옳고 타당한가? 오히려 인류는 불신과 불평등과 불안의 시대에 살고 있다. 소유가 문명과 과학 발달의 원동력이 아니라는 것을 다른 장에서 이야기할 것이다.

실패한 것처럼 보이지만 이스라엘을 통한 하나님의 소유에 대한 새로운 패러다임을 만들려고 하신 시도는 이후 인류 대부분의 법에 녹아들어가 영향을 미치게 되었다. 이스라엘에게 주신 율법이 그 증거가 된다. 비록 영향력은 미미해 보이지만 하나님이 택하신 인간들을 통해서 계속해서 그 항거는 이어졌고, 그러한 죽음을 불사한 노력을 통해서 소유의 늪이 조금씩 완화된 것도 사실이다.

그러나 소유의 늪은 깊고 넓다. 소유는 계속해서 자신의 영향력을 키워 간다. 그것이 사탄의 전략이기도 하다. 사탄은 소유의 늪에 빠진 인류를 볼모로 잡고 계속해서 그의 영향력을 키워 간다. 그 영향력은 인류의 모든 삶 구석구석에 깊이 뿌리를 박고 영원하신 하나님께로 가는 길목을 막고 있다. 그 막힌 담 안에서 인류는 병들어 신음하고 있다. 하지만 이 거대한 담을 향한 인류의 도전이 없는 것이 아니다. 계속해서 도전하지만 그 난공불락인 장벽 앞에서 번번이 실패하고 좌절하기도 한다. 그러나 그 좌절도 결국은 예수에 의해서 무너지고 말았지만, 대다수의 인류는 여전히 자의든, 타의든 그 안에서 자신을 갇혀 두고 있다.

그 노력 중의 하나가 최근 많은 사람들의 마음을 흔들고, 영향을 주고 있는 '무소유(無所有)'다. 우리는 주변에서 무소유라는 말을 많이 듣게 된다. 분명 무소유는 사전적으로 소유의 반대말이다. 그렇다면 소유를 해결하기 위해 무소유의 사상으로 돌아가면 인류에게 희망이 있는 것일까? 인류 역사 이래로 한 번도 우리가 진정한 소유주가 된 적이 없는데 무소유라는 말이 과연 타당한 것일까?

우리는 무소유라는 그 단계에서
한발 더 나아가야 한다.
…
무소유라는 단어보다는
하나님께서 잘 관리하라고 주신 것을
그냥 하나님께 되돌린다는 청지기 정신이어야 한다.
…
더 많은 부와 명예를 가질 수 있도록
재능을 주신 하나님께 감사하고,
나에게 더 주어진 것들은
그냥 원래부터 내 것이 아니었기에
섬김의 자세로 나누어야 한다.
그래서 소외되고,
학대받고,
착취당하는 사람들과 계층이 없어야 한다.

최근 무소유에 대한 사람들의 관심이 많다. 그래서 많이 가진 자가 모든 것을 내려놓고, 무소유의 자세로 나누는 모습이 사회에 잔잔한 감동을 주기도 한다. 무소유를 주제로 뜻있는 사람들이 동참하여 사회운동으로까지 확산되기도 한다. 요즘처럼 부의 불균형, 양극화의 세상에서 무소유는 의미 있게 살려고 하는 사람들에게 큰 화두요, 매력적인 주제임에는 분명하다. 나눔이 희박한 현대 사회에서 무소유는 매우 의미 있는 일이다. 평생을 노력하여 번 재산을 사회에 환원하는 무소유의 자세는 아무리 강조해도 지나침이 없을 것이다. 원래 무소유는 '공수래공수거(空手來空手去)'의 불교에서 나온 말이라고 하지만 이제는 대부분의 종교에서 강조하면서 보편적인 단어가 되고 말았다. 사회 지도층과 가진 자들이 자발적으로 무소유의 모습을 보인다면 아마 그 사회는 좀 더 살맛나고, 희망적인 사회가 될 것임에는 틀림없다.

그런데 왜 '무소유는 없다'라고 주장해야 할까? 이 세상에 태어날 때 빈손으로 왔는데, 갈 때도 빈손으로 가는 무소유의 삶에 무슨 관점의 차이가 있을 수 있을까라고 반문할 수도 있다. 하지만 한국에서 청담동은 상류층 사회의 대명사로 통한다. 청담동의 사람들이 자녀를 낳는다면 그들은 빈손으로 태어나는 것일까, 아니면 한 손 가득 가지고 태어나는 것일까? 부모 잘 만난 덕에 인생 첫 출발선부터가 차이가 나는 것을 보면 인생은 꼭 빈손으로만 태어나는 것은 아닌 것 같기도 하다.

무소유라는 단어가 주는 이미지는 내가 이미 가지고 있던 것인데, 스스로 그 주권을 포기한다는 의미라고 할 수 있다. 세상에 태어날 때부터 빈손으로 왔다는 그 주장에도 결국 모든 중심에는 인간이 있다. 무소유를 선택하는 것도 나인 인간이고, 선택하지 않는 것도 나인 인간이다. 즉 다시 말해서 무소유라는 단어에서 결국 하나님이라는 존재는 관심 밖임을 알 수 있다. 물론 무소유를 결정할 수 있도록 마음을 주신 분이 하나님인데 왜 인간 중심이냐고 주장할 수도 있을 것이다. 어찌되었든지 소유와 무소유는 결국 그 선택의 중심에 인간이 있게 된다.

그러면 무슨 말을 하자는 것인가? 왜 무소유가 없다는 것인가? 그런데 인간이 '과연 진짜로 소유한 것이 있는가'라는 것이다. 물론 내가 열심히 번 것이기에 내 것이라고 한다면 논점에서 한참 벗어난 것이다. 앞서 계속 말했던 것처럼 인간은 스스로 존재하는 자가 아니기에 절대로 소유주가 될 수가 없다고 했다. 소유주가 될 수 있다는 것은 사탄이 인류를 유혹한 달콤한 것처럼 보이지만 오히려 인간을 찌른 가시였다. 인류는 원래 소유주가 아니었다. 인류는 에덴동산에서 원래 청지기의 사명을 가지고 있었다. 청지기에게는 그가 무엇을 가지고 있든지 간에 지금 자신이 가지고 있는 그 어떤 것도 자신의 것이 아니라 주인의 것이라는 사실이다. 청지기인 인류는 주인의 것을 관리하는 자다. 그러므로 청지기에게는 소유나 무소유라는 단어 자체가 어울리지 않는다. 사람마다 재능의 차이가 있다. 그것은 예수님의 달란트 비유를 통해서 거론된 것이다. 능력에 따라 부의 차이가 생길 수밖에 없다. 그것이 타락한 인간에게 주어진 숙명이다. 죄악으로 비틀어진 경제논리로 인해 부의 불평등은 생길 수밖에 없다. 하지만 그럼에도 불구하고 인류에게 주어진 청지기 직분은 없어지지 않는다. 단지 그것이 죄로 인해 왜곡되어 우리의 신분을 망각하게 하기 때문에 우리가 심각하게 의식하지 못하고 있을 뿐이다.

우리는 무소유라는 그 단계에서 한발 더 나아가야 한다. 물론 무소유 그 자체만으로도 정말 의미 있고 가치가 있다. 하지만 우리의 실존에 대한 분명한 정체성이 없으면 청지기 사명은 제대로 역할을 할 수 없다. 그러므로 우리는 한발 더 나아가야 한다. 무소유라는 단어보다는 하나님께서 잘 관리하라고 주신 것을 그냥 하나님께 되돌린다는 청지기 정신이어야 한다. 우리의 생각과 관점이 달라져야 한다. 더 많은 부와 명예를 가질 수 있도록 재능을 주신 하나님께 감사하고, 나에게 더 주어진 것들은 그냥 원래부터 내 것이 아니었기에 섬김의 자세로 나누어야 한다. 그래서 소외되고, 학대받고, 착취당하는 사람들과 계층이 없어야 한다. 그것이 예수께서 공생애를 시작하시면서 갈릴리 회당에서 읽으셨던 누가복음 4장의 말씀을 지켜 따르는 것이다.

그러므로 우리는 무소유라는 단어 자체가 가지는 인간 중심적인 생각에서 벗어나서 하나님 중심적인 생각으로 모든 것을 돌릴 수 있어야 한다. 그래서 무소유는 없다는 것이다.

알렉산더는 자신이 죽을 때, 관 밖으로 손을 내놓도록 했다. 사람이 죽으면 모두 빈손으로 간다는 것을 알려 주려고 했다는 것이다. 빈손, 무소유는 요즘 불평등과 양극화의 시대에 아름다운 미덕으로 주목을 받고 있다. 무소유는 이제는 종교를 떠나서 많은 사람들의 입에서 회자되는 말이기도 하다. 죽을 때뿐만 아니라 살고 있을 때라도 가진 자가 무소유의 마음으로 자신의 것을 내놓는 것은 정말 아름다운 일이다. 무소유라는 단어는 강력한 청빈과 나눔을 요청하는 것으로 인식되고 있는 것이 사실이다.

빈손으로 태어나는 것처럼 우리의 소유는 원래 없었다. 그런데 움켜지려고 하는 순간부터 인류의 비극은 시작된다. 그러면 우리가 무소유를 성취하면 인류는 진정한 행복을 가질 수 있는 것일까? 우리가 죽을 때 한 줌 흙으로 돌아가는 것은 우리가 우주만물의 소유주가 아님을 역설적으로 증명하고 설명해 준다. 무소유란 단어 자체는 이미 우리가 소유주였는데, 지금 소유하지 않겠다고 선언하는 것이라고 할 수 있다. 그렇다면 우리가 언제 소유한 적이 있었는가? 원래 우리의 소유가 없었기에 무소유란 단어는 실상 의미가 없다. 소유한 적도, 소유한 것도 없는데 무소유할 것이 없기 때문이다. 그러므로 무소유란 단어는 소유의 또 다른 모습이라고 할 수 있다.

무소유라는 단어 자체는 사탄이 전략적으로 우리를 속이는 말의 장난일 수 있다. 이미 소유의 늪에 빠져 있음으로 그곳에서 빠져 나오기만 하면 된다는 논리로 진정한 주인 되시는 예수 그리스도를 못 보도록 하기 때문이다. 무소유는 소유할 권리도 포기할 권리도 인간인 내가 가지고 있다고 생각하기에 여전히 인본주의적인 생각이다. 무소유를 위해서 인간이 노력하기만 하면 구원의 반열, 해탈의 경지에 도달할 수 있다는 지극히 인본주의적인 발상이라고 할 수 있다. 무소유는 전적으로 하나님만을 의지하고 인간 본연의 모습으로 돌아가게 하는 것이 아니라, 그 정반대로 하나님 안에서 답을 찾지 않고, 인간 스스로 자아를 찾는 신이 되는 길을 찾아서 떠나는 여행을 부추기는 것과 같다. 그러므로 무소유에는 인류의 답이 없다. 희망도 없다. 일순간적으로 사람들의 마음을 의로하고, 평강을 줄 수 있겠지만 그것은 스스로를 속이는 것이며 궁극적인 답은 절대로 될 수 없다.

인류가 아무리 죄악 가운데 있지만
인간 본연의 마음 깊은 곳에는
여전히 인류의 영원한 고향인
하나님을 찾고자 하는 내면의 소리와 갈증이 있다.
그런데 그것을 샤머니즘으로 대치시킨 것이다.
사탄의 전략은 성공했다.
우리는 주변 곳곳에서 신격화된 자연을 쉽게 볼 수 있다.

7장

복병을 만나다

　　독일의 유명한 철학자인 쇼펜하우어가 노년에 어떤 공원의 벤치에 홀로 앉아 무엇인가 깊은 사색에 잠겨 있었다. 긴 시간 동안 사색을 하는 바람에 해가 지고 공원의 문을 닫을 시간이 되도록 그 자리에 앉아 있었다. 관리인이 오래도록 한 자리에 앉아 있는 그를 보고는 갈 곳이 없는 노인인 줄 알고 내쫓으려고 소리를 버럭 질렀다. "당신 누구요! 어디서 왔소?" 그 소리에 쇼펜하우어는 눈을 번쩍 뜨면서 이렇게 말했다. "어디서 왔느냐고? 내가 지금껏 생각하고 있는데 도무지 알 수가 없어서 이러고 있소!"라고 대답했다고 한다. 그는 "태어났다면 일찍 죽는 것이 행복하다. 일찍 죽지 못하면 자살하라."면서 사람들에게 허무한 인생을 가르쳤다. 그러나 이렇게 말했던 그가 무서워한 것은 아이러니하게도 이발사의 칼이었다. 이발사가 면도칼로 목줄을 끊을까봐 절대로 면도를 하지 않았다고 한다. 자살하라고 죽음을 부추긴 그가 정작 죽음을 두려한 것은 아이러니가 아닐 수 없다. 스스로 신의 길을 가려고 했는데, 인류는 그 신이 되는 길에서 답을 찾지 못한 채 오히려 길을 잃어버린 것이다.

익숙함의 함정

원래 우리의 신분이 피조물이었다. 우리는 자존자도 소유주도 아니었고, 하나님도 아니었다. 그러나 타락 이후 자존자로 착각하기 시작하자 처음에는 어색했겠지만 이내 진짜 자존자가 된 것처럼 그렇게 생각하고 행동하는 것이 자연스럽게 되었다. 그래서 인간은 "내 인생은 나의 것"이라고 외친다. 자신의 영역에 누군가, 아니 신이라고 할지라도 침범한다고 생각된다면 극렬하게 반대하며 자신을 지키려고 한다. 그렇게 하는 것이 진정한 자아를 찾는 것이라고 생각한다. 왜냐하면 하나님과는 무관한 곳에서 길을 찾는 것이 이제는 익숙해져서 그것이 너무나도 당연한 것처럼 생각하게 되었기 때문이다. 익숙해지면 무디어진다. 우리가 소유했다고 한 번 착각하고 그렇게 오랫동안 살다 보면 그것에 익숙해져서 이제는 그 착각이 진짜로 여겨진다. 처음에는 부자연스럽지만 이내 곧 익숙해지면 자연스럽게 새로운 환경에 적응하고 그것이 마치 자신의 옷에 딱 맞는 것처럼 그렇게 그것이 자신의 것인양 여기게 된다.

아마 첫 인류인 아담과 하와는 하나님과 무관한 인간의 길을 간다는 것이 두렵고, 어색했을 것이다. 그러나 그 두려움과 어색함도 잠시, 시간이 지나면서 하나님과 무관하게 생각하고 행동하는 것이 몸에 익게 되고, 하나님의 직접적인 개입이 점차 느껴지지 않으면서 스스로 생각하고, 판단하고, 스스로의 길을 가는 것이 지극히 당연하고 그것이 원래의 길이고 방법이라고 생각하게 되었을 것이다. 그 후손들은 점점 그것이 자연스럽게 되었고 하나님과 상관없는 삶을 살게 되었다. 그것이 익숙함이 주는 장점이자 단점이다.

하나님과 무관한 자연스러움이 결국 인류 최초의 멸망 사건인 노아의 홍수를 가져 오게 된 것이다. 하나님과 무관한 삶이 시작되면서 인간은 자연스럽게 제어 장치가 풀리게 되었고 고삐 풀린 망아지처럼 자신의 길을 달려가게 되었다. 그 길이 낭떠러지요, 자신을 망치는 길이요, 멸망의 길이요, 심판의 길인지도 모른 채 그렇게 달려가게 된다. 노아홍수 이전의 인류의 모습은 갈 데까지 간 모습 그대로였다. 자신의 소견에 좋은 대로 행하였다. 지금의 우리는 어떠할까? 노아홍수 이전의 모습과는 그래도 다른 모습일까? 과학이 발달하고, 그 어느 때보다도 인류의 자존심과 자만감이 충만한 이때가 바로 가장 위험한 시기라고 할 수 있을 것이다. 지구촌 곳곳에 하나님과 무관한 부도덕과 부정직, 난잡함이 구석구석까지 스며들어 있다. 자신 안에 감추어진 죄성이 폭발하면서 상대적으로 약한 어린이나 여성을 상대로 한 성범죄가 곳곳에서 활개를 치고 있다. 그런데 이제는 그것이 익숙해진 풍경이라는 것이다. 이 익숙함의 끝이 뻔히 보이는데도 말이다.

우리가 새로운 곳에 갔을 때 처음에는 익숙하지 않아서 당황스럽고, 실수하고, 부자연스럽지만 익숙해지면 곧 적응하게 되고 적응하면 그것이 자연스럽게 되어 불편을 느끼지 못하게 된다. 그것은 분명코 인류에게 유익한 장점이다. 하지만 살인자나 도둑이 처음에는 두렵고, 떨리고 힘들어하지만 익숙해지면 양심에 아무런 가책 없이 그러한 죄를 스스럼없이 저지르게 된다. 양심에 화인을 맞았기 때문이다. 간에 문제가 생겨 부을 때까지는 별로 증상을 못 느끼다가 굳어지면 비로소 증상을 느낀다고 한다. 그러나 그때는 이미 손을 쓸 수가 없게 된다. 마찬가지로 인류도 처음에는 익숙해져서 모르고 있다가 그것이 점차 당연한 것으로 굳어지면서 하나님 없이 사는 것이 자연스럽고 그렇게 하는 것이 인류 자신의 모습을 찾는 것이라고 여기게 되었다.

간혹 성직자들의 호화로운 생활이 문제가 되어 화젯거리가 되기도 한

다. 일반인들이 보기에도 과해 보이는데 본인은 별로 문제를 못 느낀다. 왜
냐하면 그것에 익숙해지면 그것이 자신의 생활 기준으로 일반화되었기 때
문이다. 그래서 그것이 당연하고 자신의 보통 기준이 된다. 그리고 나중에
는 그것을 더욱 적극적으로 즐기기까지 한다. 그렇게 익숙함은 어느새 슬
그머니 엉덩이를 디밀고 들어와서 안방을 차지해 버린다. 익숙해지면 그것
이 어떠한 것이든지 문제의식을 느끼지 못한다. 그래서 성직자에게도 도덕
적, 성적, 경제적 문제가 발생하는 것 같다. 이 익숙함의 함정에서 어떻게
벗어날 수 있을까? 성경은 에녹처럼 하나님과 동행할 수 있는 진정으로 성
령 충만하는 것만이 그것을 가능하게 한다고 한다. 하지만 그 길은 익숙함
과는 거리가 먼 좁은 길이다.

인류가 하나님처럼 소유주요, 우주 만물의 주인이라는 그 생각은 처
음에는 무척이나 생소했을 것이다. 그러나 점점 시간이 지나면서 그런 인
식과 생각은 자연스러운 현상이 되고 말았다. 세대가 갈수록 그런 생각은
점점 더 강해졌을 것이다. 일본이 아직도 자신들이 저지른 일들에 대해서
사과조차 없는 것은 전후 세대들의 무의식이 이젠 익숙함으로 바뀌어졌기
때문이다. 그래도 일말의 양심이 남아 있었던 구세대들이 물러가고 그런
관점에서 비교적 자유로운 세대들에게 위안부나 독도 문제는 익숙하지 않
은 단어들이고, 그 책임에서 자유로운 것이 그들에겐 더 익숙하기 때문이
다. 익숙해지면 마음이 무디어진다. 이것을 가리켜서 성경은 '심령에 화인
맞았다'고 한다.

어렵게 살던 사람이 경제적으로 여유가 생기면 생활환경이 달라진다.
그러나 바뀐 환경에 처음에 잘 적응하지 못하다가 익숙해지면 자연스러워
진다. 강도짓도 그렇고, 죄짓는 것도 그렇고, 처음에는 두렵고 떨리지만 익

숙해지면 아무런 양심의 가책도 없이 나쁜 일을 계속하게 된다. 마치 그것이 오래전부터 해 온 자신의 일처럼 말이다.

성직자가 거룩하고 구별된 삶을 사는 것이 자연스러운 것이 되어야 하는데, 요즘 대형 종교집단의 성직자들의 삶은 보통의 사람들과 차이가 많이 나는 것 같다. 다 그런 것은 아니지만 외제차에, 넓은 집에, 차고 넘치는 대접이 처음에는 익숙하지 않아 마치 남의 옷을 입고 있는 것처럼 불편함을 느끼다가 시간이 지나면 그것이 자신의 옷인 것처럼 편안함을 느끼게 된다. 그것에서 안식을 느끼고 즐기게 된다. 그리고 그것이 박탈당할 때는 억울해하고 분노하게 된다. 왜냐하면 지금 살아가는 그 환경이 자신에게는 너무나도 자연스럽고 익숙하기 때문이다. 그래서 없는 자, 고통당하는 자들의 아픔과 비애를 잘 느끼지 못하게 될 수도 있다. 성직자에게는 익숙함이 달콤한 독이 될 수도 있다. 그래서 옛 성현들은 자신을 쳐서 복종시키는 수도원적인 삶을 갈구했는지 모른다.

스스로 하나님이 되는 길을 선택했는데, 가면 갈수록 그 길은 인간이 신이 되는 길이 아닌 넓은 길이었다. 하지만 이젠 그 넓은 길이 좁은 길보다 익숙하다. 그 익숙함이 스스로 멸망의 길로 가는 지름길인지도 모른 채 인류는 익숙함의 함정에 빠져 하나님을 찾지 못하고 있다. 익숙함은 또 하나의 덫을 놓고 신이 되려는 인간에게 절망을 안겨 준다.

인정 중독

대부분의 사람들은 비판을 싫어한다. 대신에 인정받으면 대부분 좋아한다. 그만큼 우리는 타인으로부터 인정받는 것에 매우 민감한 DNA를 가졌다고 할 수 있다. 그러나 그것이 지나치면 인정받는 것에 목을 매게 되고, 의존을 넘어 종속을 받게 되는 중독 증상을 보일 수도 있다. 중독은 여러 가지 형태로 나타날 수 있다. 다른 사람들이 자신을 어떻게 생각할 지에 사로잡혀, 다른 사람들이 자신에 대해서 말하는 것 때문에 상처받고 자신을 칭찬하고 열렬한 찬사를 보내지 않는 것 때문에 상처를 받는다. 습관적으로 자신을 다른 사람들과 비교하고, 지극히 평범한 상황들 속에서도 경쟁하려고 한다. 자신이 가치 있지 않다거나 특별하지 않다는 느낌을 받을 때 힘들어하고 다른 사람의 성공을 시기한다. 자신의 인생에 영향을 줄 수 있는 중요한 사람들에게 깊은 인상을 남기려고 끊임없이 노력한다. 누군가 자신이 인정 중독자인 것을 발견하여 싫어하게 될까 봐 염려한다면 중독 현상을 의심해 보아야 한다. 그렇다면 왜 이런 중독 현상이 나타나는 것일까?

첫째로, 잘못된 믿음이다.

정신과 의사들은 다른 사람들의 칭찬이나 인정이 우리를 기분 좋게 하는 것이 아니라 그 칭찬이 타당하다고 우리가 믿을 때 비로소 기분이 좋아진다고 한다. 만일 어떤 정신병 환자가 당신을 보고 "당신은 세상에서 제일 멋있는 사람입니다. 우리나라의 첫 번째 통일 대통령이 될 것입니다."라고 한다면 기분이 좋아질까? 아닐 것이다. 왜냐하면 그 말을 하는 대상자를 우리가 신뢰할 수 없기 때문이다. 그리고 굉장한 일들을 성취해 놓고도 스스로를 부족한 자라고 생각하는 자세도 문제다. 어떤 사람이 자신에 대해서 이렇게 평가했다고 한다. "나는 아무것도 이뤄 내지 못했다. 나는 인류의 기억 속에 남을 어떤 일도 할 능력이 없다. 나의 존재가 나의 종족에게 뭔가 기여할 결과가 있기를 바라는 헛되고 공허한 염원, 끊임없이 거절

된 기도가 내 삶이다." 이 말은 미국의 하원의원이었고, 대사였고, 국무장관이었으며, 미국 6대 대통령이었던 존 퀸시 애덤스가 인생 말년에 쓴 글이다. 잘못된 믿음은 끊임없이 자신을 채찍질하여 결코 만족하지 못하게 한다. 성경뿐만 아니라 인류 역사 가운데 인정 때문에 무수한 비극의 주인공이 된 사람들을 볼 수 있다. 인정 중독이 가져다 준 슬픈 역사다.

둘째로, 비교의식이다.

인정 중독자들은 항상 비교한다. 비록 인간 자체가 비교의식이 있고 이것이 인류 문명에 지대한 공헌을 한 것이 사실이지만 중독으로 갈 때는 자신뿐만 아니라 다른 사람들도 피해를 준다. 가인과 아벨은 자신들이 열심히 노력하여 얻은 수확으로 하나님께 제사를 지냈다. 형 가인은 하나님으로부터 인정을 받고 싶었다. 하지만 하나님은 가인의 제사를 받지 않으시고 아벨의 제사만 받으셨다. 잔뜩 기대를 하고 있었는데 인정을 받지 못한 것이다. 아마 처음에는 하나님으로부터 인정을 받지 못한 자신에 대해 원망했을 것이다. 그러나 비교의식이 발동되기 시작했다. '나는 인정을 못 받는데, 왜 동생은 인정을 받는 것인가?'라며 박탈감에 사로잡히게 되었다. 그러면서 자신은 최선을 다했는데, 인정을 받지 못한 것은 순전히 동생 때문이라고 생각했다. 열등감이 가인의 마음 속 깊숙하게 자리 잡게 되었다. 이 동생만 없으면 내가 하나님의 사랑을 독차지하고 인정받을 수 있다고 생각했다. 시간이 점점 더 지나자 아버지 아담에게서 물려받은 책임전가라는 괴물이 고개를 서서히 들고 가인을 지배하기 시작했다. 분노가 차고 넘치자 전가할 대상을 찾기 시작했다. 인정받지 못한 분노를 차마 하나님께는 못 돌리고 동생에게 돌리고 만다. 자신의 내면에서 스스로 문제를 찾고 해결할 수가 없었기 때문이다. 인정받지 못한 분노에 사로잡힌 가인은 인류 최초의 살인자가 되었다. 자신의 존재가 무시당한다는 생각은 사람들을 견딜 수 없게 만든다. 그런 인상을 받게 되면 의리에 죽고 사는 사람들은 생사를 오가는 한 판 승부를 벌이게 된다. 어떤 이들은 이러한 인간의 연약함을 교묘하게 이용하여 자신의 이득을 챙기고, 심지어는 전쟁에서 승리하기도 하고, 한 국가를 넘어뜨리고 또한 만들기도 한다. 비교의식은 어디에서나 그 영향력을 발휘한다. 아파트 평수와 냉장고의 크기가 그 사람의 됨됨이와 상관없이 그 사람의 사회적 지위가 되고 평가 기준이 되기도 한다. 고가의 유명 브랜드가 여전히 사람들의 로망이 되는 것은 상대적 우월감을 제공하기 때문일 것이다. 하지만 비교의식은 결단코 만족을 주지 못한다. 게걸스럽고 탐욕스럽게 사람들을 몰고 간다. 그러다가 결국 비교의식으로 인해 자신과 이웃을 망하게 한다.

비교의식은 종종 교육 현장을 심각하게 왜곡시키기도 한다. 비교의식은 매출 증대라는 광고의 좋은 소재가 되기도 하고 환상을 심어 주기도 한다. 성형은 이제 숨겨야 하는 부끄러움이 아닌 것 같다. 미인은 무죄라는 말처럼 이전의 나보다, 남들보다 더 예뻐지기 위해 아낌없이 투자한다. 이전보다 더 나은 모습이 자신감을 제공해 주는 순기능이 있다고 할 수 있겠지만 그 뿌리는 결국 비교의식임을 부인할 수가 없을 것이다. SNS를 통한 장벽 없는 정보의 세계화가 진행되면서 이제 비교는 실시간의 개념이 되었다. 그 영향력을 전 세계에 미치면서, 인류로 하여금 스스로 신이 되는 길을 가고 있다는 환상을 심어 준다. 그 덫에서 인류는 살리는 좁은 길이 아니라 죽는 넓은 길로 질주하고 있는 것이다.

셋째로 기만이다.

인정 중독자는 남들이 자신을 어떻게 생각할까 염려하느라고 필연적으로 진실을 숨긴다. 아마 대부분이 이런 경험을 한 적이 있을 것이다. 심리학자들은 많은 사람들이 '가면 증후군'에 시달린다고 한다. 외견상으로 내가 인정받는 것과는 다른 자신의 모습 때문에 이것이 발각될까봐서 전전긍긍하는 것을 말한다. 그래서 더욱 인정받고 진실을 숨기기 위해 가면을 자꾸 만들고 쓰게 된다고 한다. 이렇게 인정 중독은 사람들을 기만과 가식으로 몰고 간다.

넷째로, 원망이다.

이상하게도 인정을 너무 강하게 갈망하면, 인정을 받고 싶어 하는 바로 그 사람을 필연적으로 원망하게 된다. 자신의 진급과 성공이 그들의 손에 달려 있는 것을 원하지 않기 때문에 그들로부터 인정받기를 갈망하면서도 원망을 한다. 직장상사로부터 인정받기를 원하면서도 한편으로는 욕하는 것과 비슷한 현상이라고 할 수 있다.

어쩌면 인류 역사 자체가 이렇게 인정받기 위해 몸부림친 흔적이라고도 하면 무리한 해석일까? 긍정적인 면이 있는 대신에 방향이 잘못되어 인류를 패망으로 몰고 간 너무나도 많은 경우가 우리 주변에 존재한다. 이 인정 때문에 사람들은 거짓말을 한다. 이 인정 때문에 사람들은 물불을 가리지 않는다.

인기란 인정해 주고, 알아 주고, 열광해 주는 것이 아닌가? 그런데 인기에는 중독 증세가 있다. 그래서 그것에 한 번 취하면 빠져 나오기가 쉽지 않다고 한다. 그 인기를 유지하기 위해 연예인들 중에는 온갖 짓을 서슴지 않는 사람도 있다고 한다. 미국의 어떤 록 그룹은 자신들의 인기를 유지하고 성공하기 위해 사탄에게 제사를 지내기도 한다고 한다. 인기 유지를 위해 자신의 영혼을 파는 행위다. 따져 보면 모든 사람을 기쁘게 하는 것이고 내 만족이다라고 하는 그곳에 함정이 있다. 그것이 사람들을 패망으로 몰고 갈 수 있다. 과잉충성은 인정받고자 하는 욕망에서 나온다. 죽기 살기로 달려들어 인정받으려고 한다. 하지만 하나님은 솔로몬의 입을 빌어서 이 세상과 인기, 그리고 인정과 부귀영화는 모두 헛되다고 다섯 번이나 말씀하셨다.

그 인정받고 싶은 욕구는 결국 그 뿌리가 소유에 있다. 타락 이전에는 나와 너의 구분이 없었다. 그러므로 인정받고, 인정해 주는 논리는 근본적으로 존재할 수가 없었다. 내가 너이고, 네가 나이기 때문이다. 너와 나의 구분이 없는데 어떻게 인정이라는 단어가 존재할 수가 있겠는가? 인정은 나와 네가 구분이 되어야 가능하다. 그런데 나와 너의 구분은 그 뿌리가 눈이 밝아져 내 것이 보였기 때문에 생긴 것이다. 내 것 즉, 소유가 보이자 인정이 드디어 그 모습을 드러내고 자신의 역할을 하게 된 것이다.

나도 존재한다는 강력한 외침! 그것이 인류로 하여금 또 하나의 존재 이유를 제공한다. 그런데 그 존재 이유의 뿌리는 서글프게도 인류의 타락과 맥을 같이 하고 있다. 그러므로 이 세상에 죄인이 아닌 사람은 단 한 명도 존재할 수가 없다. 나를 알아달라는 외침은 비록 내가 별 볼일 없어 보이고 하찮게 보이지만, 하나님처럼 자존자요. 소유주라는 항변인 것이다. 나도 우주 만물의 주인으로 충분히 그 존재감이 있으니 날 무시하지 말고 인정하고 알아달라는 것이다. 타락 이후 이러한 의식은 인류 존재의 강력한 동력이 되었고, 교육의 한 수단으로도 사용되게 되었다. 칭찬과 인정은 돌고래도 춤추게 한다. 그것에서 인류는 결코 자유로울 수가 없다. 그것이 타락의 결과이고 자연스러운 것인데 어떠하랴!

대중 스타들은 인기, 인정에 매우 민감하다. 포털에는 실시간으로 인기 검색어가 등장한다. 그 인기를 위해 자의든지, 타의든지 이슈를 만들려고 무리수를 두기도 한다. 그 인기에 따라 대중 스타들의 가치가 매겨지기에 인기 관리에 최선을 다한다. 그러나 인기와 사람의 인정이 구름처럼 지나가 버리면 그 외로움에 견디다 못해 극단적인 행동을 하기도 한다. 포털의 댓글은 이제 한 사람을 죽일 수도 있고, 살릴 수도 있는 위력을 가지고 있다. 포털이 이렇게 위력적인 힘을 발휘하게 되는 것은 결국 인정, 인기의 힘이라고 할 수 있다. 개인이든지, 국가이든지 인지도는 한 나라의 경제를 좌우할 만큼 영향력이 막강하다. 비록 인정의 순기능이 있지만, 그 인정중독에 빠지면 자신뿐만 아니라 가족과 이웃을 불행하게 한다.

문제는 알고 있어야 한다는 것이다. 그래야 인정중독에 걸리지 않고, 그것 때문에 더 이상의 어려움을 겪지 않을 수 있기 때문이다. 그 뿌리를 알고 있어야 그것에 더 이상 휘둘리지 않을 수 있기 때문이다.

신이 되는 길에서 복병을 만나다.

아담과 하와는 선악과를 먹은 후에 눈이 밝아져서 정말 하나님이 되고 선악을 알게 되었을까? 선악은 분명히 알게 된 것 같다. 그러나 신이 되지는 않았다. 신이 되려고 길을 나섰지만 오히려 새로운 주인을 만나고 말았다. 더 나아질 것 같은 희망을 안고 떠난 길인데, 상상할 수도 없는 최악의 주인을 만나게 된 것이다. 그가 사탄이다. 신이 되는 길에서 만난 최악의 복병은 거짓말쟁이요, 최고의 사기꾼인 사탄이었다. 사탄이 준비해 놓은 복병은 과연 무엇이었을까?

첫 번째 복병을 만나다.

그 복병은 신이 되는 길을 스스로 만들어야 한다는 것이다. 하나님처럼 되는 길은 얼마만큼이라는 정확한 기준도 없는 덕을 스스로 쌓아야 한다는 것이다. 선악과만 먹으면 자신들이 이미 알고 있는 창조주요, 진정한 우주만물의 소유주이신 하나님이 금방 되는 줄 알았는데 그것은 사탄의 새빨간 거짓이었다. 사탄이 제시한 하나님이 되는 길은 쉬운 길이 아닌 고난의 길이요, 불확실한 길이요, 끝을 알 수 없는 길이요, 불가능한 길이었다. 인류는 최대의 사기극에 놀아난 것이다. 그 대가는 너무 가혹하게 그 사기꾼을 새 주인으로 모시게 되었다는 것이다. 죽음 저 끝에 무엇이 기다리고 있는지 모르는 불확실 속에서 수만 갈래의 길을 인류가 오랫동안 걸어봤지만 신이 되는 길은 어디에도 없었다. 하지만 사탄은 지금도 여전히 그 길이 가능하다고 한다. 그 말에 인류는 그 길이 영원한 벼랑이요, 멸망이라는 것을 애써 부인한 채 인간 자존심을 내세우며 지금도 계속해서 신이 되는 길을 가고 있다.

성경은 신이 되는 길에 비해 하나님의 자녀가 되는 길은 참으로 간단하다고 말한다. 예수 그리스도를 믿으면 나이, 국적, 민족, 성별, 빈부와 지식의 차 등 그 어떤 것에도 아무런 상관없이 가능하다고 한다(요1:12). 진리는 복잡하지 않다. 누구나 이해하고 쉽게 받아들일 수 있도록 간단하다. 그런데 인류는 그 방법이 너무 간단해서 싫다고 한다. 하나님의 방법에 따르는 것이 나약해 보여서 싫다고 한다. 오히려 비록 고난이 있을지라도 인간의 힘으로 신이 되는 길을 찾는 것이 훨씬 더 쿨(cool)하고 인간다워 보인다고 생각한다. 왜냐하면 이미 하나님을 떠나 사는 것이 익숙해져 있기 때문이다. 그것이 익숙함이 주는 함정이요, 하나님을 마음에 두기를 싫어하는 DNA가 뿌리박혀 있기 때문일 것이다.

그렇다면 인류의 주장대로 덕을 쌓으면 즉, 공로로 영생을 얻을 수 있을까? 공로사상은 타락한 인류 앞에 하나님처럼 되는 길이라고 사탄이 제시한 대안이다. 앞에 놓인 수많은 난맥상들 안에서 절망하는 인류에게 내민 카드가 인간 스스로 힘들게 만들어 가야 하는 해탈이라는 스스로 신이 되는 길이었다.

마태복음 19장에는 상당한 성공을 거둔 부자이자 관원인 누가 보아도 모든 자격을 갖춘 멋있는 젊은 청년이 나온다. 이 청년은 의미 있는 인생과 영생에 대해서 진지한 질문을 가지고 있었다. 그래서 그는 예수를 찾아와서 "무슨 선한 일을 해야 영생을 얻을 수 있습니까?"라고 물었다. 최고의 질문이었다. 그는 예수께 접근했던 대부분의 사람들과 질적으로 달랐다. 어떤 사람들처럼 출세의 기회를 노리면서 예수께 나아가지도 않았다. 단순한 호기심 때문만도 아니었다. 예수를 올무에 빠뜨리려고 질문을 던지지도 않았다. 그는 하나님께만 붙일 수 있는 "선한"이라는 단어를 사용하면서 예수께 최대한의 존경을 표현했다. 그는 만반의 준비를 하고 있었다. 왜냐하면 율법 준수에 있어서는 그 어느 누구보다도 자신이 있었기 때문이다. 그는 아마 영생을 얻기 위해 지금 자신이 하고 있는 일에 대해서 자부심과 자신감이 충분했지만 예수로부터 자신의 이러한 삶에 대해서 확인을 받고 싶었을 것이다. 그리고 혹시 지적을 받는다면 얼마든지 그 일을 할 각오도 되어 있었을 것이다. 그러자 예수는 "한 가지 부족한 것"이 있다고 말씀하셨다. 그 한 가지 부족한 것은 청년의 모든 재물을 팔아 가난한 자에게 나눠주고 예수를 따르라는 것이었다. 여기서 우리가 자칫 오해하기 쉬운 것은 '한 가지가 부족하다면 그것만 지키면 영생을 얻을 수 있겠구나'라고 생각할 수 있다. 그러나 이 말씀은 부자 청년이 다른 것들은 다 잘했는데, 단 한 가지가 빠졌다는 의미가 아니다. 그 한 가지만 채우면 영생을 보상으로 얻을 수 있으므로 재산을 다 팔아서 구제 사업에 써야 한다고 교훈하신 것이 아니다. 결국 인간이 계명을 지킨 공로로 구원을 얻을 수 있다는 것을 입증시키는 셈이 되므로 믿음으로 구원을 얻는다는 성경 전체의 사상과 어긋나기 때문이다. 그래서 예수는 19장 26절에서 인간으로서는 할 수 없다고 단언하신다. 이 말을 들은 청년은 재물이 많으므로 근심하며 돌아갔다. 이 청년은 겉과는 달리 맘몬 신에 사로잡힌 우상 숭배자였다. 그는 십계명의 제1계명을 어겼고, 재물에 소망을 둔 자였다. 조금씩은 모르지만 전 재산을 팔아서 가난한 자에게 주라는 말씀을 거부하므로, 이웃을 내 몸처럼 사랑하라는 계명을 어긴 자였다. 결국 '한 가지 부족한 것'은 부자 청년이 잘 지켰다고 자신하는 율법에 대한 진실성을 달아 보는 저울인 셈이었다. '한 가지 부족'은 모든 부족함을 들추어 내는 결정적인 시금석이었다. 재물을 팔아서 가난한 자에게 주라는 말씀은 자신의 힘으로 구원을 얻어 보려는 공로사상을 버리고, 진실로 이웃을 자신의 몸처럼 사랑하는 생활로 완전히 새 출발하라는 명령이었다. 하지만 이 새 출발에 가장 큰 장애는 청년의 재산이었다. 이 청년에게 있어서 재물은 단순한 소유 이상의 가치였다. 그의 미래와 희망과 운명이 걸려 있는 절대적 가치였다. 배설물과 같은 재산이 영생과 천국을 가로막는 가장 큰 걸림돌이었다. 그는 재산에 의존했고, 재산이 자기 존재의 보람이었다. 재산이 자신의 의의 표식이었다. 왜냐하면 그 당시 유대사상에서 부는 하나님의 축복의 상징이었고, 영생이 보장된 표식이었기 때문이다. 그러므로 마태복음 19장 21절은 청년을 향한 예수의 사랑의 또 다른 표현이었다.

부자 청년이 근심하며 돌아가는 모습을 제자들이 보았다. 그리고 "부자가 천국에 들어가는 것이 낙타가 바늘귀에 들어가는 것보다 더 어렵다"는 예수의 말씀을 들었다. 제자들에게는 청천벽력과 같은 충격이었다. 당시 유대교에 의하면 부자는 하나님의 은혜로 복을 많이 받은 것으로 간주되었기 때문이다. 하나님이 잘 봐 주는 사람이므로 천국도 맡아 놓은 것처럼 당연시 되었다. 유대교에서는 구제와 금식과 기도를 3대 경건으로 생각했다. 이 세 가지를 많이 실행하는 자는 곧 경건한 자요, 경건한 자는 하늘의 보상을 받는 자였다. 특히 부자는 구제를 많이 할 수 있으므로 하늘에 보화를 쉽게 쌓을 수 있기에 부자가 선행으로 받게 될 보상을 누구나 부러워했다. 그래서 부자가 천국에 들어가기가 불가능하다는 예수님의 말씀에 충격을 받았다. 이렇게 공로사상은 유대교를 지배하고 있었다. 공로사상은 사도 바울이 사역 내내 힘겹게 싸웠던 주제이기도 하다.

공로사상은 결국 인본주의다. 왜냐하면 영생, 천국을 얻는 일에 인간도 한 역할을 할 수 있다는 것이 공로사상이기 때문이다. 인간 스스로의 힘으로 영생을 얻을 수 있다는 것이다. 공로사상은 영생에서도 끝까지 인간이 주도권을 가지겠다는 것이다. 그러므로 공로사상은 모든 세상 종교가 구분되고, 시작되는 분기점이 된다고 할 수 있다. 인류 역사 이래로 영생은 가장 뜨거운 주제였다. 이슬람교, 힌두교, 불교 심지어 가톨릭까지도 거의 모든 세상 종교의 구원관은 공로사상과 연결되어 있다. 그러므로 공로사상은 인본주의의 또 다른 모습이다. 이렇게 공로사상은 신이 되는 길에서 만난 또 하나의 최악의 복병 중의 하나였다.

두 번째 복병을 만나다.

선악과를 먹은 후에 인류에게 내려진 하나님의 형벌은 땀을 흘리는 수고를 해야 땅에서 먹을 것을 얻을 수 있다는 것이었다. 타락 전에는 아담 자신의 모든 관리 하에 있었던 자연이 이제는 거대한 장벽으로 다가왔다. 자연과 소통하며 하나님께서 창조하고 아름다움을 노래했었던 자연이 변화무쌍하게 다가왔다. 노아홍수 이후 예측 불가능한 자연의 변화 앞에 인간은 너무나 무력해 보였다. 신이 된다고 했는데, 인류는 최악의 사기꾼인 사탄을 주인으로 섬기게 되었고, 설상가상으로 자연이라는 거대한 장벽을 동시에 만난 것이다.

인류는 다시 한 번 더 사탄에게 속은 것이다. 자연은 다스리고 관리해야 할 대상이 아니라 두려움으로 다가왔다. 자연 재해 앞에서 인류는 두려움과 공포 가운데 전율하게 되었다. 속은 인류에게 내민 사탄의 다음 전략은 두려움을 역이용하는 것이었다. 자연을 다스릴 수 없는 인간에게 사탄이 제시한 두 번째 장벽은 눈에 보이지 않는 하나님 대신에 자연을 섬기도록 하는 것이었다. 그래서 지속적으로 하나님을 찾지 못하도록 속인다. 인류가 아무리 죄악 가운데 있지만 인간 본연의 마음 깊은 곳에는 여전히 인류의 영원한 고향인 하나님을 찾고자 하는 내면의 소리와 갈증이 있다. 그런데 그것을 샤머니즘으로 대치시킨 것이다. 사탄의 전략은 성공했다. 우리는 주변 곳곳에서 신격화된 자연을 쉽게 볼 수 있다. 일본에는 사람이 생각할 수 있는 모든 것들이 신으로 되어 그 수를 헤아릴 수 없을 정도라고 한다. 이렇게 사탄은 인류가 하나님을 찾을 수 없도록 곳곳에 복병을 만들어 놓았다. 인간은 변화무쌍한 모든 곳에서 신을 찾게 되었다. 그래서 오직 하나님에 의해서만 채워질 수 있는 빈 공간을 그것으로 대신하려고 한다. 그러나 그 공간은 채우고 또 채워도 여전히 빈 공간으로 남아 있다. 오직 하나님으로만이 채워질 수 있기 때문이다.

역사상 가장 위대한 수학자이며 철학자인 17세기 프랑스의 파스칼은 그의 『팡세』라는 책에서 "인간은 영적인 존재다. 사람의 마음속에는 하나님만이 채울 수 있는 빈공간이 있다."라고 말했다. 18~19세기 독일의 대 문학가요, 정치가이자 과학자였던 괴테 역시 80세에 이렇게 고백했다. "나는 인생을 살면서 단 몇 주 동안이라도 행복한 마음을 가진 적이 없었다." 평안과 행복을 느끼고자 했지만 그럴 수 없었다는 것이다. 이렇게 하나님만으로 채울 수 있는 마음의 빈 공간을 사람들은 다른 것들로 채우려고 했지만 인간의 방법으로는 아직 성공했다는 이야기를 들은 적이 없는 것 같다.

스스로의 선택으로 신이 되는 길로 갔지만, 그 자유의지의 대가는 혹독했다. 두려움과 절망은 하나님을 보지 못하게 하고 더 힘센 존재에 의탁하게 만들었다. 누군가 이 두려움과 공포에서 해결책을 제시한다면 그가 누구이든지 기꺼이 자신의 양심과 자유의지를 내어 놓으려고 한다. 인간에 의한 첫 번째 시도가 니므롯에 의한 바벨탑 건설이었다. 니므롯은 인간의 이 심리를 적극적으로 활용하여 하나님의 나라가 아닌 자신의 나라를 건설한 최초의 인간이었다. 그는 스스로를 신격화하여 신이 되는 길을 간 자다. 그 이후로 민초들은 계속해서 권력과 힘을 가진 자들을 신격화 하도록 강요당해 왔다. 지금도 북한에서는 이것이 현실이기도 하다. 이렇게 인류는 니므롯의 전철을 충실하게 밟아가고 있다. 세상은 점점 복잡해져서 이제는 한두 가지 방법으로는 현상을 해석할 수도 없다. 한두 나라에 의해서 국제 질서가 잡히기 힘든 세상이다. 세계는 조지 오웰의 소설 "1984년"에 나오는 니므롯과 같은 빅브라더가 충분히 등장할 수 있는 분위기인지도 모른다.

도스토옙스키는 "카라마조프의 형제들"이라는 소설의 "대심문관"편을 통해 빵만 해결된다면 자신의 양심과 자유의지를 기꺼이 내놓는 인간의 모습을 적나라하게 표현하고 있다. 이 서사시에는 종교재판이 성행한 시기에 예수께서 다시 세상에 오셔서 기적을 행하면서 백성들의 인기를 끌자 대심문관이 예수를 잡아 심문하는 내용이 나온다. 예수의 이름으로 심판을 행하는 대심문관은 예수 자신이 그 땅에 나타나자 그를 향해 비난을 퍼붓는다. 자신이 역할을 어느 누구보다도 잘하고 있는데 왜 왔느냐는 것이다. 이미 당신은 교회에 모든 권위를 넘겨 주었으니 더 이상 이 땅의 문제에 간섭하지 말라고 한다. 다시는 오지 말라고 외쳐댄다. 빵만으로도 충분하게 해결할 수 있기에 빵이 중요하다는 것이다. 대심문관은 모양만 종교인이지 실제로는 무신론자이자 스스로 신이 되려고 한 자였다. 그는 이미 하나님을 대신하고 있었다. 대심문관은 악마의 세 가지 제안을 거부한 그리스도를 향해 "인간은 양심의 자유 같은 무거운 짐을 견딜 수 있는 존재가 아니다. 그들은 항상 자기의 자유와 맞바꾸어 빵을 줄 상대를 찾아 헤매며 그 앞에 무릎을 꿇는 것을 바라고 있다. 그래서 우리는 그들을 자유의 무거운 짐에서 해방하고 빵을 주었다. 이제 사람들은 자유를 포기함으로써 자유로워지고 자신들이 제공한 기적과 신비와 권위라는 세 개의 힘 위에 지상의 왕국을 구축한 것이다."라고 외친다. 다시 말해 인간에게 주어진 죄에서의 자유함과 자유의지는 하나님을 찾도록 하는 것이 아니라 오히려 인간을 더 불안하게 한다는 것이다. 인간은 태생적으로 그것을 못 견뎌한다고 한다. 그래서 자연스럽게 불안한 미래를 확실하게 보장해 줄 수 있는 새로운 빅브라더를 인간 스스로 요구하고 있다는 것이다. 그렇게 지배자는 스스로를 신격화하고 자신들의 지배를 합리화한다. 그러므로 신이 되는 길에서 만난 또 한 명의 복병은 바로 인간 자신이었다.

8장

절망을 넘어 소망으로

복락원(復樂園)은 불가능한가? 실낙원(失樂園)으로 하나님 나라는 실종되었다. 이스라엘을 통해 복락원을 계획하고 모델을 세우길 원했던 가나안 땅도 결국 실패하고 말았다. 인간의 반역과 죄의 뿌리 깊음으로 인해 인류에게는 소망이 사라졌다. 영원한 멸망만 남게 되었다. 그런 소망 없는 인류에게 소망으로 오신 분이 예수시다. 예수의 첫 설교는 "회개하라! 하나님 나라가 가까이 왔다"였다. '인간의 나라를 하나님의 나라로 변화시키라'는 것이다. 소유가 만든 근본적인 죄 문제 해결을 위서는 자신이 누구인지 다시금 인식하게 하고 하나님께로 돌이킬 수 있는 십자가가 필요하다. 그 십자가로 하나님의 자녀가 되어 하나님 나라를 소망해야 한다. 교회가 구약의 이스라엘처럼 그 역할을 담당해야 하나 우리가 알고 있는 교회의 모습을 생각한다면 성공의 기미가 잘 보이지 않는 것 같다. 이것이 필자만의 생각이기를 바랄뿐이다. 하지만 여전히 교회가 소망이다. 교회는 예수 그리스도의 몸이기 때문이다. 물론 그 몸이 제 역할을 감당할 수 있어야 하겠지만 ……. 예수는 교회가 이 소유의 문제를 해결할 수 있도록 하나님 나라의 원리를 제공하셨다. 예수께서 말씀하신 하나님 나라의 원리는 바로 사랑이다. 어떻게 사랑이 소유로 일그러진 세상을 하나님 나라로 만들 수 있단 말인가?

그런데 인류는 너무 멀리 왔다. 답에서 너무 멀리 와서 그 답이 어디에 있는지조차 가물가물하다. 과연 절망인가? 답이 없는가? 소유의 늪에 빠진 인류에겐 그러나 먼 것 같지만 의외로 가깝다. 그것이 예수 그리스도다. 왜냐하면 예수께서 직접 그 사랑을 몸으로 보여 주셨기 때문이다. 그래서 소망이 있다. 답은 사랑이다. 또 사랑 타령을 해야 하는가? 왜 주님은 율법의 핵심이 하나님 사랑과 이웃 사랑이라고 하셨을까?

이웃을 내 몸처럼 사랑하면 어떤 일들이 벌어질까? 왜 주님은 자신의 사역의 모습을 예시하시는 말씀으로 이사야서 61장 1,2 절을 인용하셨을까?

곰곰이 되새겨 보면 그 내용은 가히 혁명적이라고 할 수 있다. 어찌 보면 소유로 일그러진 인류의 곪아 터진 환부에 직접 칼을 들이대시는 것과 같다. 타락 후, 인류의 오랜 역사 가운데 짙게 배어 있는 빈부의 차로 인한 양극화, 신분의 차이에서 오는 피지배자의 눈물, 억눌림의 고통, 부정부패로 인한 왜곡된 정의, 탐욕으로 일그러진 인류의 근본적인 문제들이 예수 당신의 사역이라는 것을 만천하에 공표하신 것이다. 인간의 눈이 밝아져 하나님처럼 되려고 발버둥친 소유가 그렇게 인류를 왜곡시키고 온갖 고난, 고통, 억눌림과 인간이 인간을 속박하는 소유에 완전히 노예가 된 인류를 향한 치유의 방법으로 선택하신 것이 이 '사랑'이었다. 예수의 가르침과 사역의 핵심은 하나님 나라였고, 그 나라의 통치 원리가 이웃 사랑이었다. 그 결정판이 십자가이고 부활이다.

하지만 그 사랑이 너무 유약해 보인다. 이 사랑으로 어떻게 소유의 늪에 빠진 인류를 구원할 수 있다는 것인가? 하지만 이 사랑이 답인 걸 어떠하랴! 이제 그 이야기를 해 보고자 한다. 어떻게 이 사랑이 인류의 희망이 되고, 절망에서 소망으로 인류를 이끌 수 있는가에 대해서 이야기해 보고자 한다.

이를 위해 몇 가지 질문을 던지면서 이야기를 풀어가려고 한다.

첫째로, 지금 우리 인류가 안고 있는 가장 심각한 문제는 무엇이라고 할 수 있을까? 사람마다 정도의 차이는 있겠지만 세대 간, 계층 간, 지역 간, 국가 간 빈부의 차이와 어느 나라를 막론하고 뿌리 깊은 부정부패, 정의의 실종, 신민족주의와 자원전쟁 등등 여러 문제들이 거론될 수 있을 것이다. 그 중에서도 자본주의가 만들어 놓은 가장 큰 열매는 단연 빈부의 차이일 것이다. 하지만 이 빈부의 차이는 자본주의든지, 사회주의든지 공산주의든지 모두 그 맨살을 벌겋게 드러내고 인류를 위협하고 있다. 상위 몇 퍼센트가 가지고 있는 부가 영속적인 생명력을 갖고 대를 이어 상속되고 있는 것이 현실이다. 오죽했으면 한국에서는 상위 몇 퍼센트에 들어가는 것을 청담동에 진입하는 것으로 희화화하여 표현하였을까! 최근 경제 규모가 급부상하여 G2가 된 중국도 예외는 아니다. 중국식 자본주의를 실현하면서 국가 전체적으로는 경제 규모가 커졌지만 아이러니하게도 공산주의의 추구하는 바와는 정반대로 빈부의 차이는 가속도가 붙어 이제는 나라의 근간을 흔들 정도로 심각한 단계에 도달한 것 같다.

이렇게 세대 간, 계층 간, 지역 간, 민족 간, 국가 간 빈부의 차이는 전 세계적인 문제다. 선진국의 남아도는 식량이면 전 지구적인 아사의 비극은 사라질 것이다. 하지만 이도 경제 논리 앞에서 힘을 잃고 만다. 그 뿌리에는 여전히 소유가 자리를 잡고 인류를 조종하고 있기 때문이다.

이 문제에 대해서 우리의 대답은 무엇이어야 할까? 누구를 막론하고 우리는 나름대로 분명한 방향의 문제의식을 갖고 있어야 한다. 그래야 우리 인류에게 희망이 있다. 왜냐하면 이 문제는 먼 나라의 문제, 나와는 무관한 문제가 아니라 내 이웃의 문제요, 내 가정의 문제요, 바로 나 자신의 문제이기 때문이다.

2008년 미국 리먼브러더스의 파산으로 시작된 글로벌 금융 위기에 대해서 많은 분석이 있었지만 그 가장 큰 원인으로 과도한 탐욕이었다는 것에 대해서 이제는 별 이견이 없는 것 같다. 물론 통제 없는 자본주의라는 시스템이 가지고 있는 문제점도 중요한 역할을 했을 것이다. 그러나 인간의 탐욕이 자본주의 시스템을 타고 전 세계적인 경제 위기를 가져왔다고 보는 것이 무리한 해석은 아닐 것이다.

둘째로, 그렇다면 이 빈부의 차이와 부정부패, 정의의 실종 등이 발생하는 이유는 무엇일까? 누구 때문에, 무엇 때문에 생기는 것일까? 그리고 왜 생기는 것일까? 이유는 여러 가지로 말할 수 있겠지만 결국 가진 자, 기득권 세력이 자신의 기득권을 고착화하려다 보니 생기는 현상이라고 해석한다면 무리한 해석은 아닐 것이다. 근본적으로 인간의 깊은 내면 속에 존재한 더 소유하고 싶은 탐욕의 결과이자 소유의 늪에 빠진 인류가 뱉어 놓은 배설물임에 어떠 하랴? 그러나 그것을 더욱 가속시키고 고착시키는 것이 가진 자인 권력자들이자 기득권층이라는 것에는 대부분 공감하리라 생각한다.

세 번째로 그렇다면 어떻게 이 문제를 풀 수 있을까? 과연 인간에게 답이 있는 것일까? 그런데 안타깝게도 인류에게는 답이 없다. 그렇다면 인류는 영영 희망이 없는 것인가? 인류에게는 답이 없지만 감사하게도 답은 있다. 그것이 예수의 '이웃 사랑'이다. 이 '이웃 사랑'은 '이웃을 내 몸처럼 사랑하는 사랑'(이후 '이내사'로 약칭)이다. 이내사라면 과연 어떻게 될까? 이제 이 사랑에 대해서 먼저 살펴보는 것이 좋을 것 같다.

　　　예수께서 사역하시고, 추구하셨던 근본적인 목표는 무엇이었을까? 예수께서 공생애를 시작하시면서 처음으로 하셨던 설교는 "회개하라. 천국이 가까이 왔다"였다. 두 가지 주제로 나누어서 생각해 보자. 하나는 '회개'이고, 다른 하나는 '천국 즉, 하나님 나라'다. 왜 주님은 회개하라고 하셨을까? 왜 회개가 첫 설교의 주제가 되어야 했을까? 이 부분은 조금 뒤에 다시 언급하고자 한다. 그리고 예수께서 이루고자 하셨던 나라는 '하나님 나라'셨다. 이 하나님 나라의 통치 원리가 사랑이다. 그 사랑은 하나님 사랑과 '이내사'다. 그런데 하나님과의 근본적인 사랑관계가 회복되려면 인간은 반드시 하나님께로 돌이켜야(회개) 한다. 소유로 일그러진 인류의 정체성을 회복하기 위해 인간이 우주만물의 주인이라는 소유를 내려놓고 하나님께 모든 주권을 돌려드리고, 인간 본연의 자리로 돌아가는 회개는 필수다. 그래서 주님의 첫 설교의 외침은 회개가 될 수밖에 없었다. 회개하지 않고 여전히 소유의 늪에 빠져 왜곡된 모습으로는 하나님 나라를 이룰 수 없기 때문이다. 인간 자신이 누구인지 분명하게 깨닫고 돌이켜 두 손 들고 "나는 죄인입니다."라고 고백하며 하나님께로 오라는 것이다. 그 회개의 길에 십자가의 사랑이 있다. 십자가는 소유의 늪에 빠진 인류를 구원하시고자 하는 하나님의 단 하나뿐인 최고의 사랑의 표현이셨다. 영원한 멸망만이 인류에게 내려진 선고였지만 하나님은 그 형벌을 돌이킬 마지막 기회를 사랑으로 베풀어 놓으신 것이다. 이렇게 사랑을 회복한 사람만이 하나님 나라의 백성이 될 수 있다. 요한복음 1장 12절에서 하나님을 영접하고 돌이킨 사람만이 하나님의 자녀이자 백성이 될 수 있다고 단언하고 있다. '하나님 자녀'가 된다는 의미는 지존자요, 소유주가 되어 신이 되는 길을 가려고 한 인간이 비로소 자신이 누구인지 깨닫고 하나님께로 완전하게 돌이킨 사람이 되는 것을 말한다. 그러므로 이 하나님 나라의 백성이 해야 할 유일무이한 단 한 가지가 '이내사'다.

그렇다면 이내사가 이루어지는 하나님 나라는 어떤 모습일까? 물론 하나님의 인류를 향한 최종 심판이 이루어지는 마지막 날에야 하나님 나라는 완전한 모습으로 구현될 것이다. 그러나 예수는 그 하나님 나라가 이 땅에 이루어지기를 간절히 소망하였다. 그것이 이사야서 61장 1, 2절로 대표되는 것이다. 이내사가 이루어지는 나라는 이렇게 상상해 볼 수 있다.

이내사가 이루어지면 전쟁은 그 이름 자체가 불가능해진다. 왜냐하면 서로 총부리를 겨누고 상대방을 죽이게 되면 결국 자신을 죽이기 때문이다. 자신이 총을 겨누고 죽인 그 적이 바로 자신이기 때문이다. 이웃을 자신의 몸처럼 사랑하면 그 이웃이 바로 나인 것이다. 기록된 인류 역사는 더 많이 소유하기 위해 혹은 자신의 것을 지키기 위해 지나하게 벌여 온 전쟁의 역사라고 해도 과언이 아닐 것이다. 그런데 이내사가 이루어지면 그 전쟁도 근본적으로 존재할 수가 없다. 소유의 늪에 빠지기 이전의 첫 창조의 시대로 돌아가는 것이다. 전쟁이 없으면 과부의 눈물도, 부모를 잃은 자녀의 눈물도 없게 된다. 더불어 친구와 이웃과의 싸움도 근본적으로 불가능하다. 자기 자신과 싸우는 어리석은 사람은 없을 것이기 때문이다.

부정부패는 어떻게 될까? 부정부패는 정당하게 타인에게 가야 할 몫을 부당하고 정의롭지 못한 방법으로 중간에서 가로채는 것이다. 부정부패는 타인의 눈에서 눈물을 흘리게 하고, 소유의 늪을 고착화시킨다. 이내사는 이 부정부패마저도 불가능하게 만든다.

빈부의 차이는 어떻게 될까? 한 톨 식량이 없어서 고통당하는 아프리카의 사람들이 바로 나다. 그들이 바로 나인 것이다. 계층 간, 세대 간, 지역 간, 민족 간, 국가 간 차별과 차이는 자연스럽게 사라진다. 고통당하는 자들이 바로 나이기에 그 고통의 현장에 반드시 내가 있게 된다. 눈물과 억눌림이 있는 곳에 바로 내가 있다. 그 눈물이 나의 눈물이요. 그 핍박과 억눌림이 나의 것이기에 이사야서 61장 1, 2절이 현실화되는 것이다. 소수의 사람들이 부를 편중하는 일은 생기지 않는다. 물론 인간의 능력에 차이로 인해 부의 차이가 나는 것은 소유가 주인 노릇하는 세상에서는 필연적이다. 그러나 그 부도 건설적으로 다시 재분배된다. 그것이 청지기 정신이다. 내 것이 아니기에 내 것이 아닌 것으로 호의호식하고 다른 이의 눈에서 눈물을 빼고 고통을 안기는 행동은 그 자체가 설 자리를 잃게 된다.

또한 이 지구상에 존재하는 모든 셀 수 없는 각종 문제와 죄악도 그 뿌리부터 말라지고 설 자리를 잃게 된다. 이내사는 정말 유약해 보이지만 소유의 늪에 빠진 소망 없는 인류에게 근본적인 해결책을 제시한다. 그래서 이내사는 하나님 나라의 근본 통치 원리다. 그러므로 이내사는 예수의 사역의 알파요 오메가가 될 수밖에 없다.

하지만 소유의 늪에 빠진 인류는 이제 그것에 너무 익숙해져서 그것이 인류의 근본적인 모습이라고 착각하며 살고 있다. 하나님 나라는 타락 이전의 인간 본연의 모습, 창조의 모습을 회복하는 것이다. 문제는 여전히 인류는 이것을 눈치채지도 알지도 못하고 있다. 이러한 모습에 대해 성경은 "빛이 왔으되 어둠이 빛을 깨닫지 못하더라"고 패러독스하게 비유하고 있다. 말 자체가 논리적으로 도저히 성립되지 않는다. 그런데 인류는 도저히 성립될 수 없는 그 일을 자연스럽게 원래 그런 것인 양 행하고 있다는 사실이다. 이 무식과 무지는 어디에서 오는 것일까?

이렇게 이내사가 인류의 유일한 희망일진대 왜 이루어지지 않고 있을까? 그것은 인간의 탐욕, 욕심, 욕망 때문이다. 안목의 정욕, 육신의 정욕, 이생의 자랑 때문이다. 이것의 뿌리는 도대체 무엇이란 말인가? 바로 '죄'다. 이 죄는 인류가 하나님처럼 되려고 하는 순간부터 인류에게 태생적으로 생긴 것이다. 소유의 늪에 빠진 인류는 나는 죄인이 아니라고 부정할 수가 없다. 그러나 이미 그 늪에 빠져 있으면 자신이 죄인인지도 인식하지 못한다. 그것이 비극이다. 이 죄인이라는 인식이 가능하다면 인류는 이미 하나님께로 돌이켰을 것이다. 그러나 익숙함이 너무 오래되어 이제는 인간의 모든 DNA에 깊이 뿌리박고 있다. 인간의 힘으로는 이것을 돌이킬 수 없다. DNA의 변형이 일어나지 않는 한 그 체질, 그 근본의 변화는 불가능하다. 그러므로 인간의 힘으로는 이 죄 문제를 풀 수가 없다. 그러나 여기에도 또 사탄의 착각의 드라마가 있다. 이 문제 역시 인간이 주인이 되어 풀 수 있다고 속삭인다. 지금 인간이 우주만물의 주인인데, 그 주인이 왜 이 죄 문제를 못 푸느냐고 항변하게 한다. 그 방법으로 인간 스스로 갈고 닦고, 노력하면 결국 해탈하여 죄에서 벗어날 수 있다고 착각 프로그램을 인간의 DNA에 깊이 새겨 놓았고 계속해서 새로운 것으로 새겨 넣고 있다. 그래서 인간은 끊임없이 이 프로그램의 지시에 따라 애를 쓰며 스스로 길을 찾기 위해 달려 가고 있다.

또 한 가지는 사탄의 협박 프로그램도 있다. 그것은 이 죄에서 영원히 벗어날 수 없다는 협박이다. 영원히 이 죄의 카테고리에 갇혀서 인간은 돌고 돌아야 한다는 것이다. 현생에서의 삶이 앞으로 올 이생에서의 삶에 영향을 주니 잘 먹고 잘 살아야 한다고 현혹한다. 이 협박은 꽤 성공하였고 여전히 그 힘이 막강하다. 일부는 도덕적인 면에서도 성공하였다. 도덕적인 인간이 되라는 가르침은 동서고금을 막론하고 그 가치를 훼손할 수도 폄하할 수도 없다. 그러나 여기까지다. 이것의 최종 목표는 인간을 하나님께로 돌이키지 못하게 하는 것이다. 공로사상은 진정한 우주만물의 주인이시요, 창조주이신 하나님을 못 찾게 하는 사탄의 최고의 전략이다. 사탄의 이 전략은 큰 성공을 거두었고, 지금도 거두고 있다. 인간이 스스로 신이 될 수 있다는 에덴에서의 유혹은 지금도 여전히 현재 진행형이다.

세계 1, 2차 대전뿐만 아니라 수많은 전쟁의 역사 속에서 인류가 당한 참담함 앞에서 인간은 신이 있다면 어떻게 이런 비극을 허락하시느냐고 항변한다. 대답 없는 것 같은 하나님에 대해서 인류는 계속 실망하여 머리를 돌려 스스로 신이 되어 인간 세상에서 탈피하고자 한다. 과연 그럴까? 하나님이 침묵하시는 것일까? 인간은 모든 인류가 저질러 놓은 온갖 구정물로 고통당하면서도 그 이유를 오히려 하나님께로 돌리고 있다. 범죄한 아담이 후손들에게 물려 준 유산임을 어떠하랴! 그래서 안타깝게도 소유의 늪에 빠진 인류가 할 수 있는 유일한 방법이다.

그러나 성경은 그 해결책에 대해서 분명하게 말해 준다. '회개하라'는 것이다. 자신이 누구인지, 인식하고 인지하라는 것이다. 예수께서는 승천하시면서 한 가지 유일한 희망을 주고 가셨다. 바로 성령 하나님이시다. 성령께서는 예수께서 공생애에서 하신 일들과 성경의 수많은 약속의 말씀들을 인류로 하여금 생각나게 해서 돌이키신다. 십자가의 사랑과 함께 성령 하나님께서 오신 것은 인류에게 마지막이자 유일한 하나님의 사랑의 표현이자 의지시다. 그러나 인간은 끊임없이 하나님께로 돌이킬 생각은 하지 않고 현 인류의 모든 문제를 하나님께 돌리고 있다. 그래서는 답이 없다. 이내사가 인류를 새롭게 하고 살리는 유일한 길이다. 이 이내사를 위해 인류는 반드시 돌이켜야 한다. 죄에서 돌아서야 한다. 죄로 인해 모든 비극이 발생했기 때문이다. 인간 스스로 유토피아를 이루어 보려고 했지만 그렇게 의지했던 과학이 결국 인간을 비극으로 몰고 갔고, 오히려 죄의 심각성과 인간의 나약함을 처절하게 보게 하였다.

우리는 어떻게 이 죄 문제를 해결할 수 있을 것인가? 그 방법은 매우 쉬워야 한다. 그래야 모든 사람들이 문제를 풀 수 있기 때문이다. 성경은 죄의 결과는 사망이라고 한다. 죄의 대가는 반드시 치러야 한다. 내가 죄를 갖고 있으면 나는 죽어야 한다. 그 죽음은 일차적으로 가장 큰 형벌인 하나님과의 관계 단절인 영의 죽음이요, 이차적으로는 육체적인 죽음이다. 이 사망에서 벗어나는 길은 나 대신에 누가 죽어야 한다. 내가 죽을 그 자리에 예수의 십자가가 있다. 예수께서 대신 죽으셨다. 놀랍게도 이 사실을 인정하고 믿기만 하면 우리의 '죄'가 해결된다고 성경은 기록하고 있다. 인정하는 것, 우리 자신의 의지의 행위인 믿음의 결단으로 죄 문제는 해결된다고 한다. 인정하는 것은 누구나 할 수 있다. 글씨를 몰라도, 눈이 멀고 귀가 멀어도 보고, 듣고 알게 되면 누구나 믿을 수 있다. 그래서 예수의 구원 진리는 매우 간단하다. 이렇게 하나님께서 어느 누구도 불평하지 않도록 쉽게 방법을 준비하지 않으시면 인간의 힘으로는 불가능하기 때문이다. 이것은 협박이 아니라 복된 소식이다. 예수는 '나를 믿으라. 곧 그것이 인류의 주인 되시는 하나님께로 돌이키는 길'이라고 공생애 기간 내내 강조, 또 강조하셨다. 인간의 죄가 해결되지 않으면 그 어느 것도 시작될 수 없기에 예수는 첫 설교의 주제로 회개를 말씀하시지 않을 수가 없으셨다.

죄 문제 해결을 위해 예수를 믿는 것은 교회에 가고 안 가고의 문제가 아니다. 이것은 우리 자신의 실존의 문제다. 생사의 문제다. 어느 누구를 막론하고 죄 문제에서 자유로운 사람은 없다. 그런 의미에서 기독교는 그냥 종교가 아니라 생사를 결정짓는 생명의 종교다.

소유의 늪에 빠져 영원한 멸망만이 전부인 인류에게 예수 그리스도는 유일한 소망이자 희망이시다. 첩첩이 쌓인 인류의 현존하는 모든 문제는 이내사를 통해 해결될 수 있다. 그것이 하나님 나라의 원리이자 인류를 살리는 유일한 길이다. 오고 오는 역사 속에서 수많은 이들이 성경 외에서, 하나님 외에서 이 해답을 찾으려고 수없이 길을 찾았지만 아직도 여전히 시원한 답을 못 찾고 있다. 성경 외에서 무언가 단번에 타는 목마름을 해결해 줄 수 있는 한줄기 시원한 물줄기를 기대하지만 단연코 성경 외에는 답이 없다. 성경으로 돌아오면 수많은 난제상들의 답이 절망 같은 어둠 속에서 한 줄기 빛으로 다가올 텐데 인류는 여전히 성경 밖에서 해답을 찾고 있다.

절망을 넘어 소망으로 가는 길은 이미 이천 년 전에 선포되었다.

소유의 늪에 빠져 여전히 "나는 나다."라고 외치며 스스로 절망의 길로 갈 것인가 아니면, 회개하여 이내사의 길, 하나님 나라로 오라고 선포하신 예수 그리스도의 소망의 길로 나올 것인가? 선택은 우리 자신의 몫이다.

소유의 늪에 빠져 영원한 멸망만이 전부인 인류에게
예수 그리스도는 유일한 소망이자 희망이시다.
…
오고 오는 역사 속에서 수많은 이들이
성경 외에서, 하나님 외에서
이 해답을 찾으려고 수없이 길을 찾았지만
아직도 여전히 시원한 답을 못 찾고 있다.
성경 외에서
무언가 단번에 타는 목마름을 해결해 줄 수 있는
한줄기 시원한 물줄기를 기대하지만
단연코 성경 외에는 답이 없다.
성경으로 돌아오면
수많은 난맥상들의 답이
절망 같은 어둠 속에서 한 줄기 빛으로 다가올 텐데
인류는 여전히 성경 밖에서 해답을 찾고 있다.

이내사(이웃을 내 몸처럼 사랑하자) 전도법

7, 80년대와 달리 요즘 대학가에서 전도하기가 정말 쉽지 않다. 교회가 세상 사람들이 기대하는 바에 부응하지 못하자 오히려 그 역풍을 맞고 있는 것 같다. 필자가 어린 시절에는 "사람이 되려면 교회에 가라"고 할 정도로 교회는 그래도 세상에 희망을 던져 주는 곳이었다. 그러나 요즘은 인터넷이나 SNS에서 심심찮게 반기독교적인 주장과 사이트들을 볼 수 있다. 사영리는 전 세계적으로 탁월한 전도의 수단이었고 지금도 여전히 유효하지만 이전보다 그 효용성이 많이 떨어진 것이 사실이다. 이 역시 교회와 기독교인들이 이제껏 만들어 놓은 결과물인 것을 남을 탓해 봤자 무엇 하겠는가?

필자는 공산권 지역에서 사역하면서 사영리로 사람들에게 다가가기가 참 쉽지 않음을 수없이 경험했다. 선교가 공식적으로 막힌 곳이라면 더욱 그렇다. 그래서 '교회', '십자가', '부활', '기독교'라는 단어를 사용하지 않으면서도 자연스러운 대화를 통해 스스로 죄인임을 고백하고 자연스럽게 예수 그리스도께로 인도할 수 있는 방법을 고민하게 되었다. 이런 고민 끝에 나온 것이 "이내사 전도법"이다. 비록 반론이 있을 수도 있겠지만 선교 현장에서 나름대로 효과를 상당히 본 방법이기에 독자들과 함께 나누려고 한다. 이 방법을 통해 어느 곳이든지 한 영혼이 예수께로 돌아올 수만 있다면 그것만큼 보람된 일은 없을 것이라고 생각한다. 이것은 정형화된 것이 아니기에 현장에 맞게 얼마든지 변형하여 사용할 수 있다.

1) OO국가(혹은 민족)를 사랑합니까? 그러면 지금 OO국가(민족)의 가장 큰 심각한 문제는 무엇이라고 생각합니까?

대상자의 국가와 민족을 거론한다. 사전에 상대방과 충분하게 인간관계가 형성되어 있다면 더욱 효과적이다.

2) 다양한 대답이 나올 수 있지만 대부분 **"빈부의 차이(양극화), 부정부패"**라고 말한다.

만약 머뭇거리면, 최근 신문이나 뉴스의 이슈나 통계치를 자연스럽게 거론하면서 말을 할 수 있도록 유도한다. 국가나 민족의 대표성을 갖는 분들의 주장이나 말들을 인용해도 좋다. 예를 들면, 미국발 서브프라임 모기지론에 의한 경제 위기가 사람들의 탐욕의 결과라는 뉴스와 사설을 인용해도 좋다. 왜냐하면 전 세계가 아직도 그 영향을 받고 있고, 청년들이면 피부로 그 피해를 느끼고 있기 때문이다.

만약 선교지라면 반감을 줄이기 위해 상기의 두 문제는 모든 인류와 나라가 가지고 있는 동일한 문제라고 하는 것도 좋다.

3) 이유가 무엇일까요? 누구 때문에 생기는 것일까요? 왜 생기는 것일까요?

다양한 의견이 나올 수 있다. 각자 나름대로 해석한 의견이기에 최대한 존중하며 결국 사람이 문제라는 것을 강조한다.

상대방에게 "당신이라면 과연 어떻게 했을 것 같습니까?"라고 질문을 한다. 사람만 달라질 뿐이지 결국은 비슷한 행동과 결과를 가져오지 않았겠냐고 어느 누구도 결코 예외가 될 수 없다고 대화를 한다. 미리 준비한 자신의 의견이나 다른 사람의 말을 인용해서 말해 주어도 좋다.

4) 그렇다면 어떻게 이 문제를 풀 수 있을까요?

지금 현재 체제와 인간에게서 답을 찾을 수 있는가? 그렇다면 인류에게 정말 희망이 없는 것일까?

이런 세상 속에서 꿈이 무엇이냐고 질문을 던진다. 문제의식을 갖도록 유도하면 좋다.

5) "이내사(이웃을 내 몸처럼 사랑하자)"면 어떻게 될까요?

이 부분이 아주 중요하다. 확실하게 내용과 의미가 전달되어야 한다.

■ 이웃과의 싸움이 불가능하다.

대화 중인 사람의 친한 친구가 누구인지 물어본다. 그리고 갑자기 서로 사이가 나빠져서 친구를 때렸다고 가정하면서 대화를 풀어 가면 좋다. "이내사"에 의하면 이웃을 때리면 결국 누구를 때리게 되느냐고 질문을 하면 학생들은 모두가 자신이라고 답을 한다. 머뭇거리면 자기 자신 아니냐고 대신 말을 해 주어도 좋다.

■ 전쟁도 불가능하다.

전쟁에서 상대방을 죽이게 되면 결국 자신을 죽이는 것이다. 가장 싫어하는 사람이 누구인지 질문을 던진 후, "아무리 밉지만 죽이면 결국 누구를 죽이게 되는 것이냐"고 질문을 던지고 스스로 답하게 한다. 대부분의 사람들은 자신을 죽이게 되는 것이라고 답을 하고 반론을 제기하지 않는다.

■ 부정부패도 불가능하다.

이 경우에 최근 뉴스 등 적절한 예를 들어 주는 것은 매우 중요하다. 부정부패는 골고루 혜택을 받아야 할 것들을 중간에서 가로채는 것을 말한다. 부정부패란 부가 불법적으로 어느 한 개인에게 편중되는 것이다. 그러므로 그것을 중간에서 가로채는 것은 결국 다른 이웃이 고통을 겪게 만드는 것이다. 고통당하는 그 이웃이 자신이라면 결코 부정부패를 할 수 없을 것이다.

이 외에도 부정부패에 대한 사례들은 매우 많다. 충분히 설명이 가능하며, 부정부패로 고통을 당하는 자들에게 가야 할 것을 중간에 가로채는 것은 이웃의 아픔을 모르는 정말 나쁜 사람이다. 그래서 자연스럽게 사람들은 모두 이런 것에 의분을 느끼고 "이내사"가 중요하다는 것을 인식하고 동감하게 된다.

■ 빈부의 차이도 해소된다.

지구상에는 여전히 많은 사람들이 굶주림의 고통을 당하고 있고, 소수의 가진 자들에 의해 사람들은 영향을 받기도 한다. 세계 어느 나라나 도시와 농촌 간의 빈부의 차이가 있고, 도시에서도 그 빈부의 차이는 심각하다. 경제 위기가 있을수록 가진 자는 더 가지게 되는 경제 구조를 가진 것도 사실이다. 그렇다고 해서 그것이 당연한 것처럼 여긴다면 인류에게는 소망이 없을 것이다. 아프리카에서 많은 사람들이 죽어가고 있는데, 우리 주변에는 음식이 남아서 버리는 경우가 많다. 북한을 예로 들어도 좋다. 선진국의 남는 음식은 결국 지구 다른 편의 사람들의 입장에서는 범죄나 마찬가지다. "저들이 나라면 우리는 어떻게 해야 할까요?"라며 사람들에게 문제를 제기한다.

■ 대상자가 학생이라면 컨닝을 예를 들어 주면 좋다.

컨닝은 나 혼자 점수를 잘 받으려고 하는 것이므로 결국 다른 사람들에게 피해를 주게 된다. "이내사"라면 자신 때문에 피해를 받는 사람이 바로 자신이기에 컨닝도 불가능하다.

☞ 이내사가 완성되면 어떤 나라가 될까요?

이렇게 "이내사"가 이루어지면 친구와의 싸움도, 전쟁도, 부정부패도, 빈부의 차이도 해결이 될 수 있다. 이내사가 완성되는 나라가 앞서 언급한 것처럼 바로 하나님 나라다. 공산주의가 이루려고 했던 나라와는 비교도 안 되는 그런 나라다. 이내사는 예수님의 핵심적인 가르침이다. 그러므로 이내사를 알기 위해서는 예수에 대해서 공부하는 것은 너무나도 당연하다. 이 부분은 7)번을 설명한 후에 해도 좋다. 학생들이 "자신도 죄가 있음을 고백한 후에 하면 더 효과적일 수도 있다." 이것은 상황을 보아서 판단하면 된다.

6) 그런데 왜 이것(이내사)이 불가능할까요?

5)와 7)의 질문을 이어 주는 역할을 한다.

7) 그것은 인간의 탐욕, 욕심, 욕망 때문입니다. 이것의 뿌리가 바로 '죄'입니다.

죄로 인해 인류의 모든 비극이 발생했다. 인간은 모두가 죄의 DNA를 근본적으로 갖고 있다. 그러므로 인간의 힘으로는 죄 문제를 해결할 수가 없다. 자신의 노력과 힘으로 스스로 해결하라고 하지만, 이것이 과연 가능하겠는가? (사람들에게 스스로 답을 해 보도록 질문을 던진다.) DNA가 외부의 조작에 의해 변질이 될 수 있는 것처럼 죄를 해결하기 위해서는 외부 도움이 절대적으로 필요하다. 이미 우리는 죄의 DNA를 갖고 있음으로 이것을 바꾸기 위해서는 우주만물의 창조주이신 하나님의 개입이 절대적으로 필요하다. 이때 엔트로피 법칙(열역학 제2법칙)을 유비로 설명해 주면 좋다.

■ 엔트로피 법칙은 모든 자연은 무질서도가 증가하는 방향으로 간다는 것이다. 그런데 무질서에 질서를 부여하려면 반드시 외부에서의 에너지의 유입이 필요하다는 것으로 유비적으로 설명하면 도움이 된다.

8) 그러므로 '죄' 문제를 해결하지 않으면 인류에게는 희망이 없습니다!

역사 이래로 많은 철학자들과 사람들이 나름대로 대안을 제시하면서 빈부의 차이와 정의의 문제 등 문제를 풀려고 했지만, 인간 속에서 도도하게 흐르고 있는 죄의 심각성에 대해 무지했거나, 아니면 무시했기에 인간은 실패할 수밖에 없었다. 인간의 힘으로 유토피아를 이루는 것이 불가능함을 2차 세계대전을 치루면서 이미 확인한 것이다.

9) (대상자에게) "당신은 죄가 없습니까?"라고 질문을 합니다!

  ⇒ 모두 죄인이라고 고백할 수밖에 없다.

10) 그러면 이 죄를 어떻게 해결할 수 있을까요?

죄의 결과는 무엇인가? 죄를 지은 사람은 결국 죽게 된다. 그러므로 죄의 마지막은 사망이다. 죄의 해결은 생과 사의 문제다. 인간 실존의 문제다. 죄는 반드시 해결되어야 한다.

어느 누구도 죄 문제를 피해갈 수가 없다. 우리는 반드시 죄 문제는 해결해야 한다.

그런데 죄 문제가 해결되지 않으면 "이내사"는 불가능하다. 그러면 우리가 안고 있는 인류의 수많은 문제들은 결코 풀 수가 없다.

(대상자에게) "당신은 어떻게 할 것입니까?"라고 질문을 던지며 반응을 살핀다.

11) **죄 해결 방법이 있습니다.**

"이내사"는 예수의 가르침인데, 예수께서 인류의 가장 고질적이고, 인류 존재 자체를 위협하는 빈부의 차이, 부정부패, 전쟁, 정의의 부재 등을 풀 수 있는 "이내사"의 방법을 제시하고, 이것을 막고 있는 최대의 문제인 '죄' 문제를 푸는 방법을 제시하지 않았을까? 당연히 제시를 하셨다. 그런데 그 방법은 매우 쉬워야 한다. 그래야 모든 사람들이 문제를 풀 수 있기 때문이다.

'죄'의 결과는 사망이다. 그리고 죄는 반드시 대가를 치러야 한다. 내가 여전히 죄를 갖고 있다면 나는 죽어야 한다. 그런데 이 사망에서 벗어나는 한 가지 길은 나 대신에 누가 죽으면 된다. 그래서 하나님이신 예수께서 인류 구원을 위해 십자가에서 대신 죽으셨다. 이것은 역사적인 사실이다.

놀랍게도 이 사실을 인정하고 믿기만 하면 우리의 '죄'가 해결된다고 예수께서 말씀하셨다. 인정하는 것, 우리 자신의 의지의 행위인 믿음의 결단을 한다면, 죄 문제는 해결된다고 하신다. 인정하는 것은 누구나 할 수 있다. 문맹이라도 누구나 듣기만 하면 알 수가 있고 믿을 수가 있다. 진리는 간단하다. 그래야 복된 소식이라고 할 수 있다.

죄 문제 해결을 위해 예수를 믿는 것은 교회에 가고 안 가고의 문제가 아니다. 이것은 우리 자신의 실존의 문제이며, 생사의 문제다. 어느 누구를 막론하고 죄 문제에서 자유로운 사람은 없다. 그런 의미에서 기독교는 종교가 아니라 생사를 결정짓는 생명의 종교다.

이 시점에서 많은 사람들이 마음을 열게 된다. 그러면 바로 영접 기도를 해도 좋다, 아니면 사영리같은 기존의 전도 수단을 사용해도 된다. 이때, 영접을 하게 되면, 몇 가지를 꼭 주의해서 상기시키면 좋다.

방금 영접한 사람은 믿음으로는 이제 갓 태어난 아기와 같기에, 여전히 어안이 벙벙하고 무엇인지 감을 못 잡을 수도 있다. 하나님의 자녀로 막 태어났는데, 여전히 의심이 있고, 두려움이 있을 수 있다. 이런 사람들을 위해 영접한 사건이 얼마나 큰 사건이고, 개개인에게 큰 축복인지를 상기시켜 줄 필요가 있다. 또한 막 태어난 신생아에 불과하므로 장년이 되기 위해서는 자라는 것이 필수라고 설명해 주어야 한다. 사람이 자라기 위해서 젖과 밥을 먹어야 하는 것처럼 믿음이 성장하기 위해서는 성경공부가 필수라고 설명해 주어야 한다.